믿음에도
분량이 있습니다

믿음에도
분량이 있습니다

· 이재록 목사 ·

우림

펴내는 글

하나님께서 기뻐하시는
믿음의 차원에 이르기를 기대하며

오늘날 예수 그리스도를 영접해 신앙생활을 한다고 하지만 정작 구원의 확신이 없고, 과연 자신은 구원받을 만한 믿음이 있는지, 어느 정도 믿음을 소유해야 구원받을 수 있는지 분별치 못하는 사람이 많습니다.

또한 교회 안에서 신앙생활이 어떠하냐에 따라 믿음이 '크다' 혹은 '작다'라고 말할 수는 있지만 하나님께서 얼마나 인정하시는 믿음인지, 자신의 믿음은 어느 정도인지 믿음의 분량을 정확히 측량하기란 쉽지 않습니다.

하나님께서 인정하시는 믿음은 행함이 없는 육적인 믿음이 아니라 행함이 따르는 영적인 믿음입니다. 육적인 믿음은 하나님의 말씀을 듣고 배우며 지식으로 쌓으면 소유할 수 있지만, 영적인 믿음은 내가 갖고 싶다고 해서 마음대로 가질 수 있는 것이 아니라 하나님께서 주셔야만 받을 수 있습니다.

"내게 주신 은혜로 말미암아 너희 중 각 사람에게 말하노니 마땅히 생각할 그 이상의 생각을 품지 말고 오직 하나님께서 각 사람에게 나눠 주신 믿음의 분량대로 지혜롭게 생각하라"(롬 12:3)

제가 믿음으로 성경 66권에 담긴 하나님의 깊은 뜻을 깨우치고자 무수한 금식과 기도를 쌓았을 때에 하나님께서는 성경의 많은 난해 구절을 풀어 주시며 영계의 비밀에 대해 알려 주셨습니다. 구원받은 하나님의 자녀라 해도 사람마다 믿음의 분량이 다르다는 것과, 믿음의 분량에 따라 천국의 처소가 분류되어 있음도 깨우쳐 주셨습니다.

우리의 본향은 천국이고 이 땅은 우리가 나그네처럼 잠시 머물다 가는 곳입니다. 낯선 지역을 여행할 때 지도나 이정표가 필요하듯이 우리가 천국에 갈 때도 마찬가지입니다. 우리가 믿음의 분량을 알게 되면 스스로 믿음의 현주소를 파악할 수 있을 뿐 아니라 앞으로 믿음의 여행을 어떻게 떠나야 할지 쉽게 분별할 수 있습니다.

사랑의 하나님께서는 그의 자녀들이 온전한 믿음을 소유하여 하나님의 보좌가 있는 가장 아름다운 천국 새 예루살렘 성에 들어와 영원히 함께하기를 간절히 바라십니다.

그래서 예수님께서는 "하늘에 계신 너희 아버지의 온전하심과 같이 너희도 온전하라"(마 5:48)고 당부하시며, "할 수 있거든이 무슨 말이냐 믿는 자에게는 능치 못할 일이 없느니라"(막 9:23)고 교훈하셨습니다.

믿음의 분량은 예수 그리스도를 영접하여 성령을 받은 '자녀들의 믿음'에서부터 태초부터 계시는 하나님을 아는 '아비들의 믿음'에 이르기까지 여러 단계로 나눌 수 있습니다.

이 책은 하나님의 말씀을 기준으로 믿음의 분량과 천국의 처소를 다섯 단계로 구분해 설명하면서 자신의 믿음을 점검할 수 있도록 구성하였습니다. 더 많은 단계로 나누어 설명할

수도 있지만 사람 편에서 확실하게 느낄 수 있도록 구분한 것
이니 믿음의 선진들과 자신을 비교하며 신속히 장성한 아비
의 믿음을 소유하시기 바랍니다.

　　그동안 『믿음의 분량』은 16개국어로 번역되어 국내뿐 아니
라 세계 곳곳에서 호응받는 책으로 널리 읽혀 왔습니다. 금번
에 누구나 손쉽게 휴대하여 양식 삼을 뿐 아니라 언제 어디서
나 전도에 활용할 수 있도록 핸디북으로 발간하였습니다.
　　모든 감사와 영광을 삼위일체 하나님께 돌리며 발간을 위
해 수고하신 빈금선 편집국장과 우림북 직원들에게 감사의
뜻을 전합니다. 이 책을 읽고 많은 분들이 온전한 믿음을 기
뻐하시는 아버지 하나님의 마음을 깊이 깨우쳐 영원한 영광
과 축복의 주인공이 되시기를 주님의 이름으로 축원합니다.

2015년 3월, 겟세마네 기도처에서

이재록 목사

CONTENTS
믿음에도 분량이 있습니다

1장

육적인 믿음과 영적인 믿음

Fleshly Faith and Spiritual Faith

육적인 믿음의 특징

영적인 믿음의 특징

영적인 믿음을 가지려면

Chapter 1

Fleshly Faith and Spiritual Faith

믿음은 바라는 것들의 실상이요 보지 못하는 것들의 증거니

선진들이 이로써 증거를 얻었느니라

믿음으로 모든 세계가 하나님의 말씀으로 지어진 줄을 우리가 아나니

보이는 것은 나타난 것으로 말미암아 된 것이 아니니라

히 11:1~3

성경은 예수 그리스도를 영접하여 죄 문제를 해결받고 구원받을 뿐 아니라 믿음으로 응답받고 축복받을 수 있는 길을 제시합니다. 믿음은 무엇과도 비교할 수 없는 보배 중의 보배이며 모든 문제를 해결하는 열쇠입니다. 믿음이 있어야 하나님을 기쁘시게 할 수 있고 기도의 응답을 받으며, 구원받아 천국에 갈 수 있기 때문입니다.

그런데 교회에 다니며 하나님을 믿는다고는 하지만 구원의 확신이 없고 기도해도 응답받지 못하는 경우가 많이 있습니다. 마가복음 9장 23절에 "할 수 있거든이 무슨 말이냐 믿는 자에게는 능치 못할 일이 없느니라" 하셨으니 믿음으로 기도했다면 응답을 받아야 합니다. 만일 믿고 기도하는데도 응답받지 못한다면 그 믿음이 참 믿음인지를 점검해 보아야 하지요.

많은 사람이 믿는다고 하지만 하나님의 역사를 체험하지 못하는 것은 하나님께서 인정하시는 참 믿음이 아니기 때문입니다. 믿음에는 하나님께서 인정하고 응답해 주시는 참 믿음, 곧 영적인 믿음이 있는가 하면 그렇지 않은 육적인 믿음이 있습니다.

1. 육적인 믿음의 특징

육적인 믿음이란 눈으로 보아서 확인이 되는 것, 자신의 지식과 생각에 일치하는 것만 믿는 믿음입니다. 육적인 믿음의 특징은 과연 무엇일까요?

지식적인 믿음

예를 들어, 나무로 책상을 만드는 과정을 보았거나 보지 않았다 해도 그 사실을 들어서 아는 사람은 "나무로 책상을 만든다."는 말을 의심 없이 믿습니다. 그동안 배우고 받아들인 지식과 일치하기 때문입니다. 이처럼 자신의 지식과 일치하기에 믿는 것을 육적인 믿음이라 하며, 지식적인 믿음 또는 이성적인 믿음이라고도 합니다. 이는 구원이나 신앙과 상관없이 누구나 가질 수 있는 믿음이지요.

사람은 태어나면서부터 두뇌의 기억 장치에 여러 지식을 입력합니다. 보고 들은 것, 부모 형제나 이웃 또는 학교에서 배운 지식을 기억해 두었다가 필요할 때에 활용하며 살아갑니다. 이때 자신이 어떤 지식을 받아들였는지에 따라 때로는 참을 거짓이라 생각하기도 하고 거짓을 참이라 여기기도 합니다.

그러나 사람이 배운 지식이 전부 옳은 것은 아닙니다. 세상에는 진리라고 알려졌던 것이 세월이 지나면서 옳지 않다고 밝혀지는 경우가 많습니다. 또 나라와 민족, 지역이나 개인마다 진리라고 생각하는 지식이나 옳다고 생각하는 기준이 크게 다르지요.

하나님 말씀만이 영원히 변치 않는 절대적인 진리입니다. 예전에는 지구가 평평하며 지구가 태양을 도는 것이 아니라 태양이 지구 주변을 돈다고 알았던 때도 있습니다. 당시 사람들은 그것이 진리인 줄 알았지만 지금은 진리로 믿는 사람이 없습니다. 마찬가지로, 우리가 학교나 사회에서 배운 지식 가운데 진리가 아닌 분야가 많이 있습니다.

대부분의 사람은 어려서 어떤 것을 진리라고 배우면, 그것을 진리로 굳게 믿어 버립니다. 이런 상태에서는 누군가 진리를 바로 알려 주어도 자신이 알고 있는 지식과 다르면 받아들이지 않습니다. 복음을 듣고도 창조주 하나님을 믿지 못하는 사람들이 바로 이런 경우에 해당합니다. 어릴 때부터 진화론이라는 거짓 이론을 진리라고 배웠기 때문에 진리인 창조론을 믿지 못하는 것입니다.

진화론은 진리가 아니라 사람들의 생각 속에서 짜맞춰낸 잘못된 이론입니다. 아무리 수천만 년, 혹은 수억만 년이 지나도 물고기가 육지 동물이 될 수 없고 유인원이 사람이 될 수도 없습니다. 그러나 그것이 가능하다고 배운 사람은 진화론을 진리라고 굳게 믿습니다. 창조주 하나님께서 말씀으로 천지를 창조하셨다고 하면 진리에서 어긋난 말이라고 생각합니다.

그런가 하면 어떤 사람들은 "전능하신 하나님을 믿습니다." 하면서도 성경을 전폭적으로 믿는 것이 아니라 자신의 지식과 이론에 맞는 부분만 믿습니다. 사람이 세상 지식과 이론에 성경을 맞추려고 하면 믿기 어려운 부분이 너무나 많습니다. 세상에서는 뭔가 재료가 있어야 제품이 나오는데 성경에서는 아무것도 없는 무 상태에서 하나님 말씀으로 천지 만물이 창조되었다고 하니 어떻게 믿을 수 있겠습니까?

또 자신의 이론에 맞추면 사람의 능력으로는 불가능한 성령의 역사도 납득하기가 어렵지요. 그러니 성경에 나오는 기사와 표적에 대해 실제 있었던 일이 아니라 상징이나 비유라고 생각합니다. 예수님이 물 위를 걸었다 하면 얕은 곳을 걸었다 해석하기도 합니다. 약을 먹고 수술해서 질병이 나았다 하면 믿지만 단지 기도로 나았다 하면 뭔가 다른 이유가 있을 것이라고 의심합니다.

이런 믿음은 하나님과 상관이 없으며 구원받을 수 있는 영적인 믿음이 아닙니다. 참된 믿음은 자신의 생각과 지식에 상관없이 성경 말씀 전체가 하나님 말씀이요 절대적인 진리임을 믿는 것입니다.

변개하는 믿음

어떤 사람은 마음의 소원을 응답받기 위해서 열심히 기도하고 예배하며 충만하게 신앙생활을 해 보다가 원하는 대로 응답이 속히 오지 않으면 의심하기 시작합니다. '하나님이 정말 살아 계신가, 기도하면 참으로 들으시는가?' 하고 의심이 틈타며 점차 은혜가 떨어지고 자신이 과거에 믿음으로 응답받았던 것이나 주위 사람들이 응답받은 간증도 우연처럼 생각하는 것입니다.

야고보서 1장 6~7절을 보면 "오직 믿음으로 구하고 조금도 의심하지 말라 의심하는 자는 마치 바람에 밀려 요동하는 바다물결 같으니 이런 사람은 무엇이든지 주께 얻기를 생각하지 말라" 했습니다.

이처럼 변개하는 믿음은 응답받을 수 있는 참 믿음이 아닙니다. "무엇이든지 기도하고 구하는 것은 받은 줄로 믿으라 그리하면 너희에게 그대로 되리라"(막 11:24) 하신 대로 응답받을 줄로 믿는 것이 아니라 이미 응답받은 줄로 믿어야 하는 것입니다.

질병을 예로 들면, 베드로전서 2장 24절에 "저가 채찍에 맞음으로 너희는 나음을 얻었나니" 했지요. 약 2천 년 전에 예수님께서 고난을 당함으로 우리의 모든 죄와 저주를 대속하셨고 이를 믿는 우리는 이미 나음을 입었습니다. 그러니 믿음으로 기도받았다면 더 이상 고통스러워하는 것이 아니라 소망 가운데 기뻐하고 감사하게 됩니다. 이와 함께 당장 눈에 보이는 증거가 없어도 응답받았다는 믿음에 변함이 없을 때 참 믿음이라 인정받을 수 있습니다.

행함이 없는 죽은 믿음

하나님 말씀을 아는 것과 믿는 것은 별개입니다. 하나님 말씀은 머리로가 아니라 마음 중심에서 믿어야 하며, 그럴 때는 말씀대로 순종하는 행함이 따릅니다. 예를 들어, 하나님께서는 "무엇이든지 심은 대로 거두게 하신다" 했습니다. 이것은 건강이나 물질 등 모든 분야에 해당되는 영계의 법칙입니다.

사르밧 과부는 하나님의 명령에 순종하여 오랜 가뭄 중에 마지막 남은 양식으로 선지자 엘리야를 공궤하였습니다. 사람의 생각을 동원하면 도무지 드릴 수 없는 생명과 같은 양식이지만 하나님 말씀을 믿었기 때문에 행함으로 순종하였고,

그 결과 가뭄이 끝날 때까지 기름병과 통에서 양식이 떨어지지 않는 축복을 받았습니다(왕상 17장).

　육적인 믿음을 가진 사람은 이런 말씀을 머리로만 알기 때문에 막상 어려운 현실에 부딪히면 행할 수 없습니다. 당장 생활비가 부족하겠다 싶으면 십일조를 온전히 드리지 못하기도 하고 각종 예물을 심는 데에도 인색합니다. 하나님께 심는 것마다 축복으로 갚아 주시는 줄을 정말 믿는다면 인색할 리가 없는데 머리로만 알기 때문에 행함이 따르지 않는 것이지요.

　질병의 문제도 그렇습니다. 하나님께서 전지전능하심을 믿는다면 병에 걸렸을 때 어찌 세상 방법을 쓰겠습니까? 하나님의 능력을 머리로는 알지만 마음으로는 믿지 못하기에 하나님을 의지하는 행함이 따르지 않는 것입니다. 역대하 16장 12~13절을 보면 아사 왕이 병들어 죽은 기록이 나옵니다.

　"아사가 왕이 된 지 삼십구 년에 그 발이 병들어 심히 중하나 병이 있을 때에 저가 여호와께 구하지 아니하고 의원들에게 구하였더라 아사가 위에 있은 지 사십일 년에 죽어 그 열조와 함께 자매"

아사는 처음 왕위에 올랐을 때는 율법대로 살며 하나님을 사랑했습니다. 모친 마아가가 우상을 섬기니 태후의 위를 폐하기까지 했지요. 그러나 점차 교만해짐으로 하나님께서 외면하셨고 이로 인해 병이 들자 아사는 사람을 의지했습니다. 이 의원이 안 되면 저 의원에게 의지하다가 결국 치료받지 못하고 죽고 말았습니다. 이러한 기록을 통해 하나님께서 믿음 없는 모습을 얼마나 서운해하시는지 알 수 있습니다.

그 밖의 다른 말씀도 마찬가지입니다. 성경에는 '항상 기뻐하라, 범사에 감사하라, 쉬지 말고 기도하라, 원수도 사랑하라, 섬기라, 모든 사람과 화평하라.' 하십니다. 이런 말씀을 줄줄 암송한다 해도 머리로만 알고 행치 않는 사람은 여전히 육적인 믿음을 가진 것이요, 하나님의 역사를 체험할 수 없습니다. 야고보서 2장 26절에 "영혼 없는 몸이 죽은 것같이 행함이 없는 믿음은 죽은 것이니라" 했습니다. 죽은 믿음으로는 응답이나 축복을 받지 못함은 물론 구원조차 받을 수 없음을 기억하여 반드시 행함 있는 믿음으로 변화되어야 합니다.

2. 영적인 믿음의 특징

우리가 구원받아 천국에 가는 것이나 기도하여 응답받는 것도 믿음이 있어야 합니다. 이러한 믿음은 하나님께서 인정하시는 영적인 믿음을 말합니다. 사람이 아무리 "믿습니다." 고백해도 하나님께서 인정하시는 영적인 믿음이 아니면 구원도, 응답도 받을 수 없습니다. 그러면 영적인 믿음의 특징은 무엇일까요?

무에서 유의 창조를 믿는 믿음

영적인 믿음이란 자신이 배운 지식이나 생각에 맞지 않아도 하나님 말씀이라면 다 믿으며, 한번 믿은 것은 현실과 조건에 상관없이 변개하지 않고 믿는 믿음입니다. 또한 알고 있는 지식으로 끝나는 것이 아니라 행함으로 증거를 보이는 믿음입니다. 이런 영적인 믿음이 있으면 사람으로서 불가능한 일도 기도하여 응답받을 수 있습니다.

성경에서는 믿음을 다음과 같이 정의합니다.

"믿음은 바라는 것들의 실상이요 보지 못하는 것들의 증거니 선진들이 이로써 증거를 얻었느니라"(히 11:1~2)

여기서 '바라는 것들의 실상'이란 미래의 소망을 이미 소유한 것처럼 확신하니 결국 실상으로 나타나게 된다는 것입니다. 예를 들어, 질병으로 고통받는 사람이 바라는 것은 건강의 회복입니다. 이것이 실상으로 나타나려면 믿음이 있어야 합니다. 우리가 하나님이 원하시는 믿음을 소유하면 바라던 건강이 실상으로 나타나게 됩니다.

또한 '보지 못하는 것들의 증거'란 육의 눈으로 볼 수 없는 모든 것의 실재를 영의 눈으로 볼 수 있는 영적인 믿음과 확신을 의미합니다. 따라서 무에서 유의 세계를 창조하는 역사를 믿는 것이 바로 믿음입니다. 믿음의 선진들은 믿음으로 바라는 것을 실상으로 응답받았으며, 보지 못하는 것을 눈에 보이는 증거로 응답받아 무에서 유를 창조하는 하나님의 능력을 실제로 체험하였습니다. 믿음으로 하늘의 해와 달을 멈추게 하거나 홍해를 가르기도 하며, 전쟁에서 승리하거나 죽은 사람을 살렸지요.

이처럼 영적인 믿음을 가진 사람은 태초에 하나님께서 말씀으로 천지 만물을 창조하신 것을 믿을 수 있습니다. 이것은 사람이 창조되기 이전의 일이므로 실제로 목격한 사람은 아무도 없지만 무에서 유의 창조를 믿으니 조금도 의심치 않습니다. 그러므로 히브리서 11장 3절에 "믿음으로 모든 세계가 하나님의 말씀으로 지어진 줄을 우리가 아나니 보이는 것은 나타난 것으로 말미암아 된 것이 아니니라" 하시는 것입니다.

하나님께서 태초에 천지를 창조하실 때 "빛이 있으라." 하시니 빛이 있었고 "땅은 풀과 씨 맺는 채소와 각기 종류대로 씨 가진 열매 맺는 과목을 내라." 하시니 그대로 되었습니다. 우리 눈에 보이는 우주 만물은 눈에 보이는 어떤 재료로 만들어진 것이 아닙니다. 하지만 대부분의 사람은 무에서 유의 창조를 믿지 못합니다. 아무런 재료 없이 무엇을 만든다는 사실을 배운 적도, 본 적도 없기 때문입니다.

하나님이 주셔야 가질 수 있는 믿음

영적인 믿음은 내가 갖고 싶다고 마음대로 가질 수 있는 것이 아닙니다. 하나님께서 각 사람에게 나눠 주신 분량만큼 가질 수 있습니다.

"내게 주신 은혜로 말미암아 너희 중 각 사람에게 말하노니 마땅히 생각할 그 이상의 생각을 품지 말고 오직 하나님께서 각 사람에게 나눠 주신 믿음의 분량대로 지혜롭게 생각하라"(롬 12:3)

사람이 마음대로 영적인 믿음을 가질 수 있다면 세상에는 많은 문제가 생길 것입니다. "하나님, 옆 가게에는 손님이 가지 않게 해 주시고 저희 가게에만 많이 오게 해 주세요." "제가 미워하는 저 사람이 교통사고를 당하게 해 주세요." 이렇게 기도하는 사람이 응답받는다면, 세상이 엉망이 되지 않겠습니까? 그러므로 공의의 하나님께서는 합당한 자격을 갖춘 사람에게만 응답받을 수 있는 믿음을 주십니다. 이런 사람이라면 그처럼 악한 기도는 하지도 않을 것입니다.

3. 영적인 믿음을 가지려면

마가복음 9장 22절을 보면 벙어리 귀신 들린 아들을 둔 아비가 예수님께 나와 고쳐 주시기를 간청합니다. "귀신이 저를 죽이려고 불과 물에 자주 던졌나이다 그러나 무엇을 하실 수 있거든 우리를 불쌍히 여기사 도와주옵소서." 했지요. 여기서 '하실 수 있거든 도와주소서.' 한 것은 믿음이 아닌 요행을 바라고 한 고백입니다.

이에 예수님께서는 "할 수 있거든이 무슨 말이냐 믿는 자에게는 능치 못할 일이 없느니라." 말씀하셨고 아이의 아비는 곧 "내가 믿나이다 나의 믿음 없는 것을 도와주소서." 했습니다. "내가 믿나이다." 하고는 이어 "나의 믿음 없는 것을 도와주소서." 하니, 마치 앞뒤가 안 맞는 말처럼 들릴 수도 있습니다. 그러나 믿는다는 표현은 동일하지만 영적인 의미가 다릅니다.

먼저 "내가 믿나이다." 한 것은 육적인 믿음의 고백입니다.

들어서 지식적으로는 안다는 뜻입니다. 그는 예수님이 귀신을 쫓아내며, 소경의 눈을 뜨게 하고 앉은뱅이를 일으키는 등 큰 권능을 행하신다는 소식을 들었습니다. 이처럼 소문을 들어서 알고 있기에 "지식적으로는 믿습니다." 하고 고백한 것입니다.

다음에 "나의 믿음 없는 것을 도와주소서." 한 것은 소문을 들어 알지만, 막상 자신의 마음에는 응답받을 수 있는 영적인 믿음이 없음을 깨달았기에 영적인 믿음을 달라고 구한 것이지요. 이처럼 겸비한 자세로 간구하는 모습을 보고 예수님께서 귀신을 꾸짖으며 나오라 명하시니 귀신이 떠나고 아이가 온전케 되었습니다.

아비는 처음에는 지식적인 믿음을 가졌지만 간절하게 구하여 영적인 믿음을 갖게 되었고 이를 통해 아들이 온전케 되는 하나님의 역사를 체험했습니다. 그러면 우리가 어떻게 해야 영적인 믿음을 가질 수 있을까요?

의심을 가져오는 모든 생각과 이론을 깨뜨려야

하나님의 자녀로 거듭나 영적으로 성장하는 데 가장 걸림돌이 되는 것이 바로 비진리에서 비롯된 육신의 생각과 이론입니다. 따라서 고린도후서 10장 5절에 "모든 이론을 파하며 하나님 아는 것을 대적하여 높아진 것을 다 파하고 모든 생각을 사로잡아 그리스도에게 복종케 하니” 말씀한 대로 영적인 믿음을 갖지 못하게 하는 모든 이론과 생각을 깨뜨려야 합니다.

사람이 태어나서부터 배운 지식과 이론, 사고와 가치관이 다 옳은 것은 아니며, 오직 하나님 말씀만이 영원불변의 진리입니다. 사람이 자신의 지식과 이론을 옳다고 고집할 때는 진리인 하나님 말씀을 받아들일 수 없고 영적인 믿음을 가질 수도 없습니다. 그러므로 영적인 믿음을 가지려면 먼저 성경에 기록된 하나님 말씀을 믿지 못하도록 의심을 가져다주는 모든 생각과 이론을 버려야 합니다. 그렇지 않으면 열심히 교회에 나와 예배드린다 해도 영적인 믿음을 소유할 수 없으니 구원도, 기도의 응답도 받을 수 없습니다.

사도 바울도 주님을 만나기 전에는 육적인 믿음을 갖고 있었습니다. 그래서 예수 그리스도를 알아보지 못하고 오히려 예수 믿는 사람들을 잡아 가두고 핍박했습니다. 하지만 다메섹 도상에서 주님을 만난 뒤에는 자신이 옳다 하는 모든 이론과 생각을 깨뜨리고 오직 그리스도께 복종하는 영적인 믿음을 소유하였습니다. 결국 이방인 선교에 앞장서며 세계선교의 초석을 마련하는 위대한 복음 전도자가 되었지요.

하나님 말씀을 열심히 듣고 배워 행해야

육적인 믿음을 영적인 믿음으로 변화시키기 위해서는 로마서 10장 17절에 "믿음은 들음에서 나며 들음은 그리스도의 말씀으로 말미암았느니라" 하신 대로 열심히 하나님 말씀을 들으며 가르침 받아야 합니다. 하나님 말씀을 지식으로 담아두지 않으면 진리를 알지 못하니 행할 수 없습니다.

그러니 하나님 말씀을 열심히 듣고 가르침을 받는 것은 매우 중요합니다. 하지만 이에 그쳐서는 안 됩니다. 말씀을 지식으로만 쌓고 행하지 않으면 오히려 교만해질 수 있습니다. 이런 사람에게는 하나님께서 영적인 믿음을 주시지 않습니다.

우리가 듣고 배워서 지식으로 담아 놓은 하나님 말씀이 마음 안에 영적인 믿음으로 채워지기 위해서는 반드시 말씀대로 순종하는 행함이 있어야 합니다.

예를 들어, 피아노 악보를 달달 암기한다 해서 피아노를 잘 칠 수 있는 것이 아닙니다. 골프 교본을 열심히 본다 해서 골프를 잘 칠 수 있는 것도 아니지요. 실제로 피아노 앞에 앉아 열심히 연습을 해야 잘 칠 수 있고 골프도 그렇습니다.

마찬가지로 아무리 하나님 말씀을 많이 읽고 배운다 해도 정작 그 말씀대로 행치 않으면 소용이 없습니다. 아는 데 그치지 말고 행함을 통해 마음을 진리로 채워나가야 합니다.

마음을 진리로 채운다는 것은 하나님께서 버리라 하신 미움, 다툼, 시기, 간음 등 자기 안에 있는 비진리를 버리고, 낮아지고 섬기고 상대의 유익을 구하며 원수까지라도 사랑하는 등 진리의 사람으로 변화되는 것을 말합니다. 이렇게 말씀대로 행하여 진리의 마음으로 변화되는 만큼 하나님께서 영적인 믿음을 주십니다.

물론 말씀대로 순종하려고 해도 즉시로 순종하지 못하는 경우도 있습니다. 하나님 말씀에 사랑하라 하셨으니 사랑하려고 하는데 마음에서 미움이 버려지지 않고, 혈기를 버리려고 하는데 자꾸 혈기가 나기도 합니다.

그럴 때는 불같이 기도하여 순종할 수 있는 능력을 받아야 합니다. 작정 기도나 철야, 금식 기도라도 해서 반드시 능력을 받아야 하지요. 이렇게 중심으로 하나님의 은혜와 능력을 구하면 하나님께서는 반드시 순종할 수 있는 능력을 주십니다. 그래서 말씀대로 순종하여 행해 나가면 영적인 믿음을 소유할 수가 있습니다.

이렇게 행함으로써 영적인 믿음을 갖게 되면, 하나님 말씀에 약속하신 대로 축복이 임합니다. 영혼이 잘됨같이 범사가 잘되고 강건하며 마음의 소원도 응답받게 되지요. 이런 축복의 체험을 하면 이후로는 더 큰 것도 순종할 수 있고, 그로 인해 더 큰 믿음을 갖게 됩니다.

비유를 들어 보겠습니다. 물을 마시면 갈증이 해소된다는 것은 하나의 지식입니다. 그런데 이 지식을 믿고 물을 마셨더니 실제로 갈증이 해소되었습니다. 그러면 이것이 체험이 되어 이후로는 갈증이 나면 자동으로 물을 찾아 마십니다. 지식을 실제 행함으로써 중심에서 믿어지니 다음부터는 자동으로 행함이 나오는 것입니다.

하나님 말씀도 마찬가지입니다. 성경 말씀을 들었을 때, 겨자씨만한 믿음으로라도 일단 순종하여 행하면 하나님의 역사를 체험하게 되고, 그 체험을 통해 영적인 믿음이 주어집니다. 이렇게 위로부터 영적인 믿음이 주어지는 만큼 다음에는 더 쉽게 말씀대로 행할 수 있는 것입니다. 영적인 믿음이 장성하여 온전한 분량에 이르면 하나님께서 아무리 불가능한 일을 명하셔도 순종할 수 있습니다.

어떤 성도는 "나는 아직 믿음이 연약하여 말씀대로 살지 못하니 기도해도 응답받지 못하는가?"라고 질문합니다. 하나님은 아직 믿음이 작다 해도 응답받고자 하는 문제에 대해 응답받을 수 있는 그릇만 준비하면 영적인 믿음을 주십니다. 만일 질병을 치료받기 원한다면 기도하고 금식하며 하나님을 기쁘게 할 일을 찾아 열심히 행하면 되는 것입니다. 이렇게 믿음의 행함이 쌓여 응답받을 그릇이 준비되면 하나님께서 위로부터 영적인 믿음을 주시고 그 믿음으로 치료받게 됩니다.

물론 큰 믿음을 가지면 더 쉽게 응답받을 수 있습니다. 믿음이 큰 사람이 작은 사람에 비해 기도의 향이 더 굵고 아름답게 하나님께 상달되기 때문입니다. 그런데 우리가 큰 믿음의 분량을 가져야 하는 더 중요한 이유는 믿음에 따라 장차 거할 천국의 처소가 달라진다는 데 있습니다.

2장

천국은
침노를 당하나니

The Kingdom of heaven suffers violence

세례 요한의 때부터 지금까지

여러 처소로 분류되어 있는 천국

더 좋은 천국을 침노하려면

Chapter 2

The Kingdom of heaven suffers violence

세례 요한의 때부터 지금까지 천국은 침노를 당하나니

침노하는 자는 빼앗느니라

마 11:12

마태복음 11장 12절을 보면 "세례 요한의 때부터 지금까지 천국은 침노를 당하나니 침노하는 자는 빼앗느니라" 했습니다. 천국은 빛이신 하나님의 나라로 원수 마귀 사단이 근접할 수도 없는 빛의 영역입니다. 그런데 감히 누가 천국을 침노하며 어떻게 천국을 빼앗는다는 말씀일까요?

이는 구원받은 하나님의 자녀들이 믿음으로 천국에 들어가며 온전한 믿음에 이르는 과정을 설명하는 말씀입니다. 모든 사람은 죄로 인해 지옥에 갈 수밖에 없었지만 예수 그리스도를 믿으면 누구나 구원받아 천국에 갈 수 있습니다.

그러나 원수 마귀 사단은 어찌하든 사람들이 복음을 믿지 못하도록 훼방합니다. 이미 주님을 영접한 사람이라도 미혹하여 죄를 짓게 하려고 호시탐탐 기회를 노리고 있지요. 이러한 원수 마귀 사단과 싸워 이겨서 천국을 빼앗아야 하기에 침노하는 자가 빼앗는다 한 것입니다.

1. 세례 요한의 때부터 지금까지

우리가 악한 영늘과 대적하여 믿음으로 이길 때 더 좋은 천국을 취하여 들어갈 수 있습니다. 그런데 천국이 침노를 당하는 것은 '세례 요한의 때부터 지금까지'라고 말씀합니다.

세례 요한은 예수님께서 구세주의 사역을 이루시도록 그 길을 예비하며 예수님을 증거하는 사명을 맡은 사람입니다. 따라서 '세례 요한의 때부터 지금까지'란 결국 예수 그리스도의 시대요, 믿음으로 구원받는 신약 시대를 의미합니다. 신약 시대와 구약 시대의 구원의 기준을 잠시 살펴보겠습니다.

구약 시대는 율법 시대로서 율법의 행위로써 구원을 받았습니다. 율법을 지켜 행해야 했고 지키지 못하여 범죄했을 때는 짐승을 잡아 속죄의 제사를 드려야 사함 받을 수 있었습니다. 반면 신약 시대는 성령 시대, 혹은 은혜의 시대라고 말합니다. 이제는 율법대로 속죄의 제사를 드리지 않아도 주 예수를 믿으면 구원을 받기 때문입니다. 보혈의 공로와 성령의 능력으로 죄 사함 받아 구원받는 것입니다.

어떤 사람은 이 말씀을 오해하여 행위적으로 율법을 지켜야 구원받는 구약 시대와는 달리 신약 시대에는 입으로 "믿습니다." 고백만 하면 죄를 지어도 용서받고 구원받는다고 생각합니다. 이는 잘못된 생각입니다. 구약의 '행위적인 구원'이란 비록 마음에 악이 있어도 행위로만 범죄하지 않으면 '죄 있다'

정죄받지 않는다는 말입니다. 반면에 신약에서는 행위적으로 죄를 짓지 않아도 마음에 악을 품은 자체가 벌써 죄이며 형제를 미워하면 이미 살인자와도 같습니다. 하물며 행위적으로 범죄하면 더욱 큰 죄가 되는 것입니다.

갈라디아서 5장 19~21절에 "육체의 일은 현저하니 곧 음행과 더러운 것과 호색과 우상 숭배와 술수와 원수를 맺는 것과 분쟁과 시기와 분냄과 당 짓는 것과 분리함과 이단과 투기와 술 취함과 방탕함과 또 그와 같은 것들이라 전에 너희에게 경계한 것같이 경계하노니 이런 일을 하는 자들은 하나님의 나라를 유업으로 받지 못할 것이요"라고 했습니다.

'육체의 일을 하는 자' 곧 행함으로 범죄하는 사람은 하나님 나라를 유업으로 받지 못한다는 것입니다. 그 밖에도 성경 곳곳에 행위적으로 범죄하는 사람은 하나님과 상관이 없다고 경고합니다. 구원받을 믿음이 있다면 행위적인 죄는 당연히 범하지 않아야 하며 나아가 마음의 악까지 버리는 것이 우리를 향한 하나님의 뜻입니다.

그러면 구약 시대보다 신약 시대에 구원받기가 더 어려운 것일까요? 그렇지는 않습니다. 구약 시대에는 자신의 의지와 노력으로 범죄하지 않고 율법을 지켜야 했지만 신약 시대에는 자신의 힘이 아니라 성령의 능력으로 죄를 버릴 수 있기 때문입니다. 로마서 10장 10절에 "사람이 마음으로 믿어 의에 이르고 입으로 시인하여 구원에 이르느니라" 하신 말씀처럼 마음 중심에 믿음이 있는 사람은 반드시 율법을 지켜 행합니다.

거룩하신 하나님께서 우리 아버지 되심과 예수님이 내 죄 때문에 십자가를 지셨음을 믿는다면 당연히 죄를 버리고자 노력하지요. 우리가 들어서 지식으로 알기만 하는 것이 아니라 정녕 십자가에 담긴 사랑을 믿는다면 하나님께서 기뻐하시는 대로 율법을 행하며 의인이 될 수 있습니다.

악을 행하던 사람이 선을 행합니다. 속이고 도적질하던 사람이 정직한 사람이 되고, 혈기 내고 분을 발하던 사람이 오래 참고 온유한 사람으로 변합니다. 인격과 교양이 있어서 행위로만 범죄하지 않는 수준이 아니라 마음의 죄성 자체를 버림으로 의롭고 성결한 사람이 되는 것입니다.

그런데 사람은 자신의 힘으로 변화될 수 있는 것이 아닙니다. 예수 그리스도의 보혈의 공로로 가능한 일이며 우리를 도우시는 성령의 능력으로 가능한 일입니다. 예를 들어, 세상 사람들은 담배 하나 끊는 것도 너무 힘들다고 하지만 성도들의 간증을 들으면, 주님을 영접한 후에 성령의 역사를 받으니 술, 담배를 쉽게 끊을 수 있었다고 합니다.

누구든지 믿음으로 주님을 영접하고 죄를 버리고자 노력할 때 성령의 능력이 임하여, 행위적인 죄는 물론 마음에 있는 죄성까지 버릴 수 있게 됩니다. 그래서 점점 주님 닮은 깨끗한 마음으로 변해 갑니다. 이처럼 신약 시대에는 성령의 도우심을 받을 수 있기 때문에 믿음으로 구원받고 죄를 버리는 것이 결코 어렵지 않습니다.

2. 여러 처소로 분류되어 있는 천국

믿음으로 천국을 침노한다는 것은 단순히 지옥에 가지 않고 천국에 들어가는 것만을 의미하는 것이 아닙니다. 천국도 여러 단계로 나뉘어 있어서 상대적으로 더 좋은 곳이 있으므로 사모하여 침노해 가는 것을 의미합니다.

우리는 천국이 눈에 보이는 육의 하늘에 있는 것이 아니라는 사실을 알아야 합니다. 천국은 보이지 않는 영의 하늘에 속해 있으며 영의 하늘은 육의 하늘과 차원이 다른 영역입니다. 영의 하늘도 다시 여러 하늘로 나뉩니다.

느헤미야 9장 6절에 "오직 주는 여호와시라 하늘과 하늘들의 하늘과 일월성신과 땅과 땅 위의 만물과 바다와 그 가운데 모든 것을 지으시고" 말씀합니다. 또 열왕기상 8장 27절에는

“하늘과 하늘들의 하늘”이라 하였으며 그 외에도 성경 곳곳에 하늘이 하나가 아님을 기록하고 있습니다.

고린도후서 12장 2절에는 사도 바울의 영이 '셋째 하늘'에 이끌려갔음을 말합니다. 셋째 하늘이 있으면 당연히 첫째, 둘째 하늘이 있고 그 이상의 하늘도 존재할 수 있는 것이지요. 여러 하늘 중에서 바울이 말하는 셋째 하늘이 바로 천국이 있는 하늘입니다. 그리고 고린도후서 12장 4절에는 “그가(곧 사도 바울이) 낙원으로 이끌려가서 말할 수 없는 말을 들었으니 사람이 가히 이르지 못할 말이로다” 했습니다. 즉 셋째 하늘의 천국 중에서도 사도 바울이 본 장소는 바로 낙원이었습니다.

그러면 낙원은 어떤 곳일까요? 예수님께서 십자가 처형을 당하실 때 죽음 직전에 주님을 영접한 한 편 강도와 같이 간신히 구원받을 믿음을 가진 사람이 가는 처소입니다. 천국 중에서 가장 낮은 단계의 처소로서 그곳에 가는 사람은 하나님 말씀대로 살지 못하고 하나님 나라에 충성한 일도 없으니 상급도 없습니다.

그런데 요한계시록 21장에는 사도 요한이 본 천국의 새 예루살렘 성이 기록되어 있습니다. 열두 보석이 기초석을 이루고 있는 거룩하고 영화로운 성으로 묘사되어 있지요. 그곳은

천국에서 가장 영화로운 처소로 하나님의 보좌가 있는 곳이
며, 하나님 말씀을 온전히 지키며 마음에 이루어 큰 믿음을
가진 사람들이 거하는 곳입니다.

이러한 새 예루살렘과 낙원 사이에는 다시 여러 단계로 구
분된 처소 곧 1천층, 2천층, 3천층이 있습니다. 우리가 그중 어
느 처소에 들어갈 것인지는 자신의 믿음에 따라 결정됩니다.
미혹하는 원수 마귀 사단을 물리치고 피 흘리기까지 죄와 싸
워 버리며 진리의 마음으로 변화되는 만큼 더 좋은 처소에 들
어갈 자격을 얻게 됩니다.

3. 더 좋은 천국을 침노하려면

우리의 믿음이 커 가는 만큼 더 좋은 천국에 들어갈 자격
을 갖추게 되는데, 이것이 바로 천국을 침노해 들어간다는 말
씀의 의미입니다. 마태복음 13장 31~32절을 보면 이처럼 침노
해 들어가는 천국에 대해 예수님께서 비유로 말씀하기를 “천
국은 마치 사람이 자기 밭에 갖다 심은 겨자씨 한 알 같으니
이는 모든 씨보다 작은 것이로되 자란 후에는 나물보다 커서
나무가 되매 공중의 새들이 와서 그 가지에 깃들이느니라” 하
셨습니다.

겨자씨는 흰 종이 위에 펜으로 점을 찍은 크기의 작은 씨앗입니다. 처음 구원받은 성도들의 믿음은 겨자씨만큼밖에 되지 않지만 그 씨를 자신의 마음 밭에 심고 열심히 가꾸면 울창하여 비바람에도 끄떡없는 나무처럼 큰 믿음으로 자라게 됩니다.

큰 나무에는 많은 새가 깃들이고 쉼을 얻듯이 믿음이 큰 사람은 많은 영혼을 품을 수 있습니다. 믿음이 연약한 사람들에게 생명을 심어 주고 영적인 쉼을 줄 수 있습니다. 이렇게 많은 영혼을 품을 수 있는 크고 넓은 마음이 되면 천국에서 더 넓고 좋은 처소에 거하게 됩니다.

이 땅에서 아무리 좋은 것, 아무리 아름답고 화려하며 행복한 것을 상상한다 해도 천국과는 비교할 수조차 없습니다. 천국에서 가장 낮은 낙원이라 해도 이 땅에서 가장 아름다운 곳보다 훨씬 아름답습니다.

더구나 1천층은 낙원과 비교할 수 없고 2천층은 1천층과 비교할 수 없이 더 좋으며, 3천층과 2천층은 천지 차이라 할 정도입니다. 그러니 하나님의 보좌가 있는 새 예루살렘의 영광은 어찌 말로 다 표현할 수 있겠습니까?

천국은 밟고 다니는 길조차 정금으로 되어 있으며 하나님의 보좌에서 흘러나오는 생명수 강가에는 금모래, 은모래가 깔려 있습니다. 보석처럼 빛나는 맑은 물에는 오색 물고기가 헤엄치며 꽃잎 하나, 풀잎 하나를 보아도 그 청아함과 아름다움이 이 땅의 것과는 비교할 수 없지요. 오염되는 일도 없고 늙거나 썩거나 죽는 일도 없습니다.

3천층 이상의 처소에서는 천사들이 우리를 주인으로 모시고 수종들며 감미로운 음악과 연주를 들려주기도 합니다. 삼위일체 하나님, 그리고 사랑하는 사람들과 함께 말할 수 없는 행복을 영원히 누리며 살아갑니다. 특히 새 예루살렘에 들어간 사람들은 세상의 어떤 황제라 해도 누릴 수 없는 영광과 영화를 누립니다.

사도 바울은 천국의 낙원을 한 번 보고도 너무나 큰 소망을 가지게 되었고 주님을 위해 무수한 고난을 당하면서도 기쁨으로 그 길을 갔습니다. 우리가 천국을 밝히 알면 이 땅의 것이 참으로 헛된 줄을 깨닫게 됩니다. 세상의 헛된 욕심과 정욕을 다 버리고 오직 하나님 말씀대로 자신을 변화시키며 좋은 천국만을 침노하기 위해 달려가게 되지요.

우리가 장차 들어갈 천국의 처소는 이 땅의 삶이 마쳐지는 순간에 결정됩니다. 아직은 믿음이 작은 사람이라 해도 지금부터 열심히 천국을 침노해 가면 새 예루살렘에 들어갈 수도 있습니다. 반대로 지금은 1천층이나 2천층에 들어갈 믿음이라 해도 마음의 악을 버리지 않으며 오히려 믿음이 퇴보하면 낙원에 가거나 자칫 구원을 받지 못할 수도 있습니다.

고린도전서 10장 12절에 "그런즉 선 줄로 생각하는 자는 넘어질까 조심하라" 하셨습니다. 그러므로 천국을 간절히 사모하며 신속하게 더 큰 믿음을 이루시기 바랍니다. 세월을 아껴 부지런히 천국을 침노함으로 가장 좋은 천국을 빼앗아 들어가시기를 주님의 이름으로 기원합니다.

3장

믿음의 분량

The Measure of Faith

하나님께서 나눠 주신 믿음의 분량

사람의 성장 과정에 비유한 믿음의 분량

에스겔의 이상을 통해 본 믿음의 분량

공력에 비유한 믿음의 분량

Chapter 3

The Measure of Faith

내게 주신 은혜로 말미암아 너희 중 각 사람에게 말하노니

마땅히 생각할 그 이상의 생각을 품지 말고

오직 하나님께서 각 사람에게 나눠 주신

믿음의 분량대로 지혜롭게 생각하라

롬 12:3

대부분의 사람은 이 땅에 사는 동안 더 좋은 음식을 먹고, 좋은 옷을 입으며 더 좋은 환경에서 살기 위해 온갖 수고를 아끼지 않습니다. 그런데 그토록 힘쓰고 애써서 많은 것을 누린다 해도 그것은 잠시 잠깐입니다. 짧은 인생이 지나고 나면 우리 앞에는 천국과 지옥 중 한 곳이 기다리며 한번 결정되면 그 결과는 영원히 바꿀 수 없지요.

또한 구원받아 천국에 가는 사람 중에서도 천국에서 누리는 처소와 영광이 각각 달라집니다. "해의 영광도 다르며 달의 영광도 다르며 별의 영광도 다른데 별과 별의 영광이 다르도다"(고전 15:41) 말씀한 대로 어떤 사람은 해와 같이 가장 영광스러운 자리에 들어가며 어떤 사람은 달의 영광 혹은 별의 영광을 누리게 됩니다.

영원한 천국에서 어떤 삶을 살 것인지는, 이 땅에서 우리의 행함에 달려 있습니다. 얼마나 하나님 말씀대로 살았는지, 얼마나 하나님의 나라를 위해 충성했는지에 따라 천국의 처소와 영광이 달라지는 것입니다. 따라서 항상 자신의 믿음을 점검하고 더 좋은 믿음을 갖기 위해 노력해야 합니다.

1. 하나님께서 나눠 주신 믿음의 분량

로마서 12장 3절을 보면 "오직 하나님께서 각 사람에게 나눠 주신 믿음의 분량대로 지혜롭게 생각하라" 하여 사람마다 믿음의 분량이 다르다는 사실을 알려 줍니다.

많은 사람이 창조주 하나님을 믿으며, 예수가 구세주이심을 믿는다고 합니다. 그런데 그 믿음의 정도는 각기 다릅니다. 예를 들어, 예수님과 함께 십자가에 달렸다가 죽기 직전에 회개하고 구원받은 한 편 강도의 믿음과 생명 다해 주를 위해 헌신한 수제자 베드로의 믿음은 분명 다르지요.

이처럼 믿음이 아주 큰 사람이 있는가 하면 겨자씨만 한 작은 믿음을 가진 사람도 있습니다. 성경을 보면 예수님께서도 어떤 이에게는 '믿음이 크도다' 칭찬하시는가 하면(마 15:28) 어떤 이에게는 '믿음이 적은 자'라고 책망하신 장면(마 17:20)이 나옵니다.

우리가 얼마나 하나님이 인정하시는 영적인 믿음을 지녔느냐에 따라 칭찬받거나 책망을 듣기도 하며 그 믿음에 따라 응답이 달라집니다. 믿음이 큰 사람은 마음에 품기만 해도 응답받지만, 어떤 사람은 하루를 금식하거나 간절히 기도해야 응답받을 수 있고 어떤 사람은 몇 달 혹은 수년을 기도해야 겨우 응답받습니다.

이와 같이 영적인 믿음에는 크고 작은 분량이 있으며, 얼마나 말씀대로 행하느냐에 따라 하나님께서 나눠 주시는 분량이 다름을 깨달아 날마다 진리의 사람으로 변화되어야 합니다. 그러면 믿음의 분량이 다름을 알려 주는 성경의 예를 살펴보겠습니다.

2. 사람의 성장 과정에 비유한 믿음의 분량

요한일서 2장 12~14절에는 영적인 믿음의 분량을 사람의 성장 과정에 비유하여 자세하게 설명하고 있습니다.

"자녀들아 내가 너희에게 쓰는 것은 너희 죄가 그의 이름으로 말미암아 사함을 얻음이요 아비들아 내가 너희에게 쓰는 것은 너희가 태초부터 계신 이를 앎이요 청년들아 내가 너희에게 쓰는 것은 너희가 악한 자를 이기었음이니라 아이들아 내가 너희에게 쓴 것은 너희가 아버지를 알았음이요 아비들아 내가 너희에게 쓴 것은 너희가 태초부터 계신 이를 알았음이요 청년들아 내가 너희에게 쓴 것은 너희가 강하고 하나님의 말씀이 너희 속에 거하시고 너희가 흉악한 자를 이기었음이라"

여기서 자녀, 아이, 청년, 아비라 하는 것은 연령에 따라 말씀하는 것이 아니라 영적인 믿음의 분량을 의미합니다. 육으로는 어린아이라 해도 믿음의 분량은 클 수 있고 장성한 어른이라 해도 어린아이의 믿음밖에 안 될 수도 있습니다.

자녀들의 믿음

하나님을 알지 못하던 사람이 예수 그리스도를 영접하면 모든 죄를 용서받고 성령을 선물로 받아 하나님의 자녀 된 권세를 얻습니다(요 1:12). 이렇게 죄 사함 받아 구원받은 믿음이 '자녀들의 믿음'이며 이는 육적으로 갓 태어난 아기와 같은 상태입니다.

자녀들의 믿음은 아직 진리를 잘 모르고, 진리대로 살고자 노력하지도 못하지만 그래도 복음을 듣고 주를 영접했기에 성령을 받고 구원받을 수 있는 초신자의 믿음입니다.

이때는 성령을 받아 거듭났다고는 해도 말씀을 잘 아는 것이 아니고 말씀을 들어 안다 해도 아직 말씀대로 행할 수 있는 힘이 없습니다. 하나님을 믿는다 하면서도 아직은 세상을 사랑하는 마음도 많이 있지요. 시험이 오면 금세 낙심하고 실족하기도 합니다. 우리가 구원받아 하나님의 자녀가 되었다 해도 이 단계에 오래 머물러서는 결코 안 됩니다. 젖먹이 아기가 하루가 다르게 쑥쑥 자라는 것처럼 신속하게 말씀을 양식 삼아 믿음이 성장해야 합니다.

아이들의 믿음

자녀들의 신앙이 자라면 아이들의 신앙이 됩니다. 갓 태어 난 자녀가 젖먹이 때를 지나면 부모를 알아보고 어느 정도 사 물을 알아봅니다. 하지만 부모를 안다 해도 아직 부모의 고향 이나 학력, 취향, 성품 등 깊고 자세한 내용은 모릅니다.

영적인 성장 과정에서도 '아이들'은 예수 그리스도를 영접하 여 성령을 받고 아버지 하나님을 막 알게 된 믿음을 가진 사 람을 말합니다. 이에 대해 요한일서 2장 14절을 보면 "아이들 아 내가 너희에게 쓴 것은 너희가 아버지를 알았음이요" 말씀 합니다.

아버지를 알았다는 것은 하나님이 우리 아버지가 되심을 안다는 말입니다. 갓난아기가 어느 정도 자라면 엄마, 아빠를 알아보는 것처럼 우리가 예수 그리스도를 영접하여 말씀을 듣고 배우며 신앙생활을 해 나가면 하나님의 뜻을 알고 그 마 음도 알게 됩니다. 또 하나님 말씀에 순종해야 하는 줄도 아 는데, 이를 아버지를 안다 말씀한 것입니다. 그러나 말씀에 순 종할 때도 있지만 그러지 못하는 것도 있고 시험이 오면 원망 불평하거나 낙심할 때도 있습니다. 그러니 아직은 온전치 못한 믿음의 단계입니다.

그런데 간혹 "나는 교회에 다니지 않아도 하나님은 압니다."라고 말하는 사람이 있습니다. 이들은 대개 성경을 한두 번 읽었다든가, 예전에 신앙생활을 했다든가, 아니면 여기저기서 하나님에 대해 들은 것이 있다든가 합니다. 그러나 이는 하나님을 아는 것이 아닙니다.

하나님을 정말 안다면 하나님이 천지 만물과 우리 영혼을 창조하신 아버지이심을 알고 하나님께서 독생자를 보내어 우리를 구원하신 것을 알 것입니다. 또 천국과 지옥이 있음과 어떻게 하면 구원받아 천국에 갈 수 있는지 압니다. 이 사실을 안다면 당연히 주님을 영접하여 교회에 나오겠지요. 그러니 주님을 영접하지 않고 하나님과 상관없이 살면서 하나님을 안다는 것은 참이 아닙니다.

청년들의 믿음

아이가 성장하면 청년이 되듯이 영적으로도 아이의 단계에 있는 성도가 성장하면 청년의 신앙을 갖게 됩니다. 즉 말씀과 기도를 통하여 죄가 무엇이며 하나님께서 원하시는 것이 무엇인지 분별할 줄 아는 청년의 때가 되는 것입니다.

요한일서 2장 13~14절을 보면 청년의 믿음은 강하고 하나님의 말씀이 그 안에 거하며 악한 자를 이기는 믿음이라 했습니다. "하나님의 말씀이 그 안에 거한다."는 것은 말씀을 온전히 지켜 행하는 것을 말합니다. 하나님 말씀이 마음에 임해 있으므로 천국에 소망을 두어 세상을 바라보지 않으며 악한 자, 곧 원수 마귀 사단이 미혹하려 해도 미혹되지 않고 말씀으로 물리칠 수 있습니다. 이 단계에서는 시험을 만나도 요동하지 않을 수 있으며 쉬지 않고 기도하는 가운데 감사하며 시험을 이겨냅니다.

아비들의 믿음

자기주장이 강하여 굽힐 줄 모르는 청년의 때를 지나 장년이 되면 인생의 경륜을 통해 앞뒤를 재고 좌우를 살피며 상황 판단을 잘하여 경우에 따라 머리를 숙일 줄 압니다.

영적으로도 아비 된 사람은 하나님의 근본에 대해 자세히 알기 때문에 그 섭리를 깨닫는 깊고 높은 차원의 믿음을 소유합니다. 아비의 믿음은 "아비들아 내가 너희에게 쓴 것은 너희가 태초부터 계신 이를 알았음이요"(요일 2:14) 말씀한 대로 태초부터 계신 이를 아는 믿음입니다.

'태초부터 계신 이'란 물론 하나님을 의미하는데 이는 아이의 믿음에서 하나님을 아는 것과는 전혀 다른 차원입니다. 아이의 믿음에서 '하나님을 안다'는 것은 아직 철없는 아이가 자기 수준에서 부모를 이해하는 것과 같습니다. 그러나 아비의 믿음은 위대하신 창조주 하나님의 깊은 것, 근본까지도 아는 믿음입니다.

예를 들어, 모세는 하나님의 근본을 알았기에 천지 창조를 비롯하여 무수한 비밀을 계시받아 모세 오경을 기록할 수 있었지요. 또 아브라함이 하나님의 깊은 마음까지 헤아림으로 기쁘시게 하는 행함을 보여 '하나님의 벗'이라 인정받은 믿음이 바로 '태초부터 계신 이를 아는 단계'입니다.

우리가 하나님의 깊은 마음과 뜻을 근본까지 알아야 말씀에 온전히 순종할 수 있고 기쁘시게 할 수 있습니다. 이것이 아비의 신앙입니다. 아비의 믿음을 가진 사람은 모든 사람의 본이 되고 마음 중심이 겸손하여 어떤 사람이라도 포용하며, 좌로나 우로 치우치거나 흔들림 없이 온전히 진리 안에 섭니다. 또한 하나님의 마음과 뜻을 알아 그에 맞춰 순종하므로 하나님의 사랑과 축복을 받습니다.

3. 에스겔의 이상을 통해 본 믿음의 분량

에스겔 47장에는 물이 차오르는 높이로써 믿음의 분량을 설명하는 장면이 나와 있습니다. 에스겔이 환상 중에 보니 성전 문지방 밑에서 물이 솟아 나오는데, 이 물이 성전 안을 두루 흐르다가 성전 바깥으로까지 흘러나왔습니다.

"그 사람이 손에 줄을 잡고 동으로 나아가며 일천 척을 척량한 후에 나로 그 물을 건너게 하시니 물이 발목에 오르더니 다시 일천 척을 척량하고 나로 물을 건너게 하시니 물이 무릎에 오르고 다시 일천 척을 척량하고 나로 물을 건너게 하시니 물이 허리에 오르고 다시 일천 척을 척량하시니 물이 내가 건너지 못할 강이 된지라 그 물이 창일하여 헤엄할 물이요 사람이 능히 건너지 못할 강이더라"(겔 47:3~5)

여기서 물은 하나님의 말씀을 의미합니다. 성전에서 나온 하나님 말씀이 온 세상에 퍼져가는 것을 보여 주신 것이지요. 그 사람이 손에 줄을 잡고 동으로 나아가며 일천 척을 척량한다 했는데 이는 장차 백보좌 대심판 때 주님께서 각 사람의 믿음을 측정하고 그에 따라 심판하실 것을 의미합니다. 손에 줄을 잡은 사람은 주의 사자이며 그가 일천 척을 척량할 때마다 물이 발목에서부터 무릎과 허리, 그 이상으로 차오른다는 것은 바로 믿음의 분량을 나타내는 말씀입니다.

발목까지 물이 찼다는 것은 자녀의 믿음, 곧 겨우 구원받을 만한 믿음입니다. 무릎까지 찼다는 것은 아이의 믿음, 허리까지 찼다는 것은 청년의 믿음을 나타내며 키를 넘을 만큼 창일하다는 것은 장성한 아비의 믿음을 뜻합니다.

일천 척을 척량한다는 것은 하나님의 넓고 큰 마음과 한 치 오차도 없는 정확함, 모든 분야를 헤아리는 깊은 마음을 나타냅니다. 하나님께서 각 사람의 믿음을 측정하실 때 어느 한 면이 아니라 모든 분야를 종합적으로 살핀다는 의미지요. 각 사람의 일거수일투족은 물론, 마음 깊은 곳까지도 정확히 살핌으로써 어느 누구도 억울하다 할 수 없도록 정확하게 심판하시는 것입니다.

4. 공력에 비유한 믿음의 분량

고린도전서 3장 12~15절에도 믿음의 분량과 관련된 비유가 나옵니다.

"만일 누구든지 금이나 은이나 보석이나 나무나 풀이나 짚으로 이 터 위에 세우면 각각 공력이 나타날 터인데 그날이 공력을 밝히리니 이는 불로 나타내고 그 불이 각 사람의 공력이 어떠한 것을 시험할 것임이니라 만일 누구든지 그 위에 세운 공력이 그대로 있으면 상을 받고 누구든지 공력이 불타면 해를 받으리니 그러나 자기는 구원을 얻되 불 가운데서 얻은 것 같으리라"

여기서 '터'란 예수 그리스도를 의미하며, '공력'이란 힘을 들여 쌓아 놓은 정성을 말합니다. 곧 믿음의 행함을 얼마나 정성스럽게 쌓았느냐에 따라 각자가 받을 상이 달라진다는 의미입니다. 누구든지 예수 그리스도를 믿으면 공력이 나타나는데 '그날'이 되면 하나님이 그 공력을 밝힌다는 것입니다.

그러면 공력이 나타나는 '그날'은 과연 언제일까요?

첫째는 자신의 직분을 평가받는 때입니다.

각 분기가 지날 때나 연말이 되면 그동안 얼마나 믿음으로 사명 감당을 잘했는지, 각 사람의 열매를 평가합니다. 잘 감당한 사람은 상을 받지만 그렇지 못한 사람은 책망을 듣기도 하고 다음에는 직분을 받지 못하기도 합니다.

둘째는 불같은 시험이 올 때입니다.

금 같은 영적인 믿음을 가진 사람은 시험 환난이 와도 하나님을 원망하지 않고 오히려 기뻐하며 감사합니다. 그러나 평소에 열심이 있고 믿음이 좋아보이던 사람도 시험이 오면 자신에게 참 믿음이 없음을 발견하게 되는 경우가 많습니다.

셋째는 마지막 날 하나님 앞에서 심판받는 때입니다.

하나님의 심판대 앞에서는 모든 사람의 행함이 숨김없이 드러납니다. 하나님께서는 사람이 이 땅에서 얼마나 주의 일에 충성했고, 얼마나 성결되었는지를 정확히 측정하고 믿음의 분량에 따라 천국의 처소와 면류관을 상으로 주십니다.

불같은 시험을 통해 나타나는 공력

이처럼 하나님께서 각 사람의 공력을 밝히실 때 믿음의 분량에 따라 나타나는 공력이 다릅니다. 어떤 사람은 금의 믿음, 어떤 사람은 그보다 못한 은이나 보석의 믿음, 어떤 사람은 나무나 풀, 짚의 믿음을 내보이지요.

금은 예로부터 매우 귀하게 여겨 왔습니다. 금속 중에서 전성(퍼지는 성질)과 연성(늘어나는 성질)이 가장 크고 오랜 세월이 흘러도 아름다운 광택이 유지되므로 화폐, 장식품, 공예품 등에 널리 쓰입니다. 이렇게 변함이 없고 다양하게 사용되며 갖가지 모양으로 만들 수 있는 장점이 있어서 어떤 보석보다 귀히 여기지요.

금 다음으로 귀한 은은 전성과 연성이 크며 열 전도성이 뛰어나므로 화폐, 장식품 외에도 공업용으로 널리 사용됩니다. 하지만 금에 비하면 약하고 빛깔도 덜 아름답습니다.

은 다음으로 귀한 것이 보석입니다. 물론 금이나 은보다 보석이 귀하다고 여길 수도 있습니다. 그러나 다이아몬드나 에메랄드 등의 보석은 빛깔이나 광택이 아름답지만 금은과 같이 다양하게 이용할 수 없으며 흠이 생기거나 깨지면 가치가 떨어집니다. 요한계시록 4장 2~3절을 보면 "하늘에 보좌를 베풀었고 그 보좌 위에 앉으신 이가 있는데 앉으신 이의 모양이 벽옥과 홍보석 같고" 하여 하나님의 형상을 벽옥이나 홍보석에 비유하고 있습니다. 이는 하나님의 아름다움을 표현하기 위해 보석을 들어 비유한 것입니다.

여기에서는 용도에 따른 가치를 기준으로 금, 은 다음에 보석을 들고 있습니다. 그 다음에는 살아있는 나무와 풀이 나오고 마지막으로 생명이 없는 짚이 나옵니다. 하나님께서는 모든 사람을 두루 살피며 과연 누가 금의 공력을 나타냈으며 누가 은, 보석, 나무, 풀에 해당하는지 평가하십니다.

정금 같은 믿음을 가진 사람은 불같은 시험의 때에도 전혀 요동이 없습니다. 감사와 기쁨으로 이기며 이를 통해 더 큰 축복을 받아 나갑니다. 그러나 은, 보석, 나무, 풀의 단계로 내려 갈수록 시험을 당할 때 이기는 힘이 약해집니다.

은 같은 믿음을 소유한 사람은 금 같은 믿음을 지닌 사람보다는 못하지만, 불에 깨지고 부서지는 보석과 같은 믿음을 지닌 사람보다는 낫습니다.

보석의 믿음을 소유한 사람은 평소에는 충만해 보이다가도 시험이 오면 열심이 식고 충만함이 떨어지기도 합니다. 하지만 불 속에서도 어느 정도 보석의 형체가 보존되듯이 불같은 시험에도 그 공력이 남아 있습니다. 따라서 금이나 은의 믿음보다는 못하지만 믿음의 행함에 따라 장차 천국에서 받을 상급도 있습니다.

나무나 풀은 보석보다 못한 믿음으로서 불의 시험이 오면 공력이 불에 타 사라집니다. 생명이 없는 마른 짚의 믿음은 공력이 불에 타 상급이 없을 뿐 아니라 구원조차 받을 수 없습니다. 겉으로는 교회에 출석하고 신앙생활을 하지만 마음에는 구원받을 만한 영적인 믿음이 없는 경우입니다.

우리는 이러한 믿음을 가져서는 안 되며 보석이나 은과 같은 단계에 만족해서도 안 됩니다. 정금 같은 믿음을 소유하여 하나님께서 공력을 시험하시는 마지막 날에 큰 영광과 상급을 받을 수 있어야 합니다.

이와 같이 성경에서는 믿음의 분량에 대해 곳곳에 알려 주고 있습니다. 또한 에베소서 4장 13절에는 "우리가 다 하나님의 아들을 믿는 것과 아는 일에 하나가 되어 온전한 사람을 이루어 그리스도의 장성한 분량이 충만한 데까지 이르리니” 하여 우리가 더 큰 믿음의 분량, 곧 그리스도의 장성한 분량까지 도달해야 함을 말씀합니다.

그러기 위해서는 하나님의 아들 예수 그리스도를 믿는 것과 아는 일에 하나가 되어야 한다 했습니다. 성경 말씀을 듣고 머리로 알 뿐 아니라 마음으로 믿어 행함으로 온전케 해야 합니다. 그렇게 해서 죄와 상관없게 될 때 하나님께서 원하시는 참 자녀로서 땅에서나 하늘에서나 주님과 동행하면서 영원한 사랑을 나눌 수 있습니다.

4장

믿음의 1단계

The First Level of Faith

구원받기 위한 믿음

성령받기 위한 믿음

십자가에 달려 회개한 한 편 강도의 믿음

믿음의 1단계가 들어가는 낙원

Chapter 4

The First Level of Faith

베드로가 가로되 너희가 회개하여

각각 예수 그리스도의 이름으로 세례를 받고 죄 사함을 얻으라

그리하면 성령을 선물로 받으리니 이 약속은 너희와 너희 자녀와

모든 먼 데 사람 곧 주 우리 하나님이 얼마든지

부르시는 자들에게 하신 것이라

행 2:38~39

긴 여행을 할 때 이정표를 만나면 반갑고 목적지까지 얼마나 남았는지 알아 더 수월하게 갈 수 있습니다. 마찬가지로 말씀을 통해 자신의 믿음의 현주소를 분별할 때 더 큰 분량으로 성장해 갈 수 있습니다. 우리가 계단을 오를 때에 첫 계단부터 차례로 밟아 올라가는 것처럼 믿음도 단계적으로 성장합니다.

앞서 믿음을 금, 은, 보석, 나무, 풀, 짚의 믿음으로 나누어 살펴보았습니다. 여기에서 구원받을 수 없는 짚의 믿음을 제외하면 믿음의 분량을 각각의 특징에 따라 다섯 단계로 나눌 수 있는데 그중 가장 작은 분량이 바로 믿음의 1단계입니다.

1. 구원받기 위한 믿음

믿음의 1단계는 '구원받기 위한 믿음' 또는 '성령받기 위한 믿음'이라고 합니다. 아담이 범죄한 이후 그의 후손들은 원죄를 가지고 태어나게 되었습니다. 또한 일생 동안 죄의 주관자인 원수 마귀 사단에게 순종하여 죄를 지으며 살아갑니다. 이렇게 원죄와 자범죄를 가진 죄인이기에 모든 사람이 멸망받아 지옥에 갈 수밖에 없었습니다.

나름대로 선하게 산다는 사람도 있지만 그런 사람도 진리에 비춰보면 분명히 죄인입니다. 마치 밝은 빛으로 방 안을 비춰보면 미세한 먼지까지 드러나는 것처럼 하나님 말씀에 비춰보면 숨겨진 악이 드러날 수밖에 없습니다. 로마서 3장 10절에 "기록한바 의인은 없나니 하나도 없으며" 하신 대로 율법의 의에 비추어 볼 때 죄가 없는 사람은 아무도 없는 것입니다.

더구나 하나님 앞에서는 혈기, 다툼, 도적질 등 겉으로 드러난 죄뿐만 아니라 마음속에 있는 미움, 시기까지도 죄가 됩니다. 그러므로 요한일서 1장 8절에 "만일 우리가 죄 없다 하면 스스로 속이고 또 진리가 우리 속에 있지 아니할 것이요" 말씀하신 것입니다.

사랑의 하나님께서는 이러한 우리의 죄를 대속하기 위해 독생자 예수를 이 땅에 보내 주셨습니다. 죄인들은 반드시 사망의 형벌을 받아야 하는데(롬 6:23) 예수님께서 십자가에 못 박혀 죽음으로써 죄인들의 죗값을 대신 치러 주셨지요. 그러나 예수님은 죄가 없으므로 사망 권세를 깨뜨리고 사흘 만에 다시 살아나셨습니다.

이 사실을 믿는 사람은 십자가 보혈의 공로를 힘입어 죄 사함 받아 구원받을 수 있습니다. 이렇게 복음을 듣고 예수 그리스도가 우리의 구세주임을 마음으로 받아들일 때에 하나님께서 마음 안에 성령을 보내 주십니다. 또 요한복음 1장 12절에 "영접하는 자 곧 그 이름을 믿는 자들에게는 하나님의 자녀가 되는 권세를 주셨으니" 하신 대로 하나님의 자녀 된 권세를 주시지요.

이처럼 예수 그리스도를 영접하여 죄를 용서받고 구원받아 하나님의 자녀(요일 2:12)가 된 것이 믿음의 1단계입니다. 이는 앞서 말한 '자녀의 믿음' 또는 '풀의 믿음'에 해당합니다.

2. 성령받기 위한 믿음

사도행전 19장 1~2절을 보면 사도 바울이 에베소 지방에서 어떤 제자들에게 "너희가 믿을 때에 성령을 받았느냐?"고 물었습니다. 그들은 "우리는 성령이 있음도 듣지 못하였노라."고 대답합니다. 제자들은 하나님을 믿고 세례 요한의 세례도 받았지만 성령을 알지 못했습니다.

사도 바울이 예수 그리스도를 증거하고 그들에게 안수하니 성령이 임했습니다. 하나님께서는 말세에 하나님의 영으로 모든 육체에게 부어 주실 것을 약속했는데(행 2:17), 오늘날 그대로 성취되었고 하나님의 영, 곧 성령을 받은 사람이 모여 교회를 이루었습니다. 성령을 받아야 하나님의 자녀가 될 수 있는데, 사도행전 2장 38절에 어떻게 성령을 받을 수 있는지 말씀합니다.

"너희가 회개하여 각각 예수 그리스도의 이름으로 세례를 받고 죄 사함을 얻으라 그리하면 성령을 선물로 받으리니"

우리가 복음을 듣고 마음 문을 열어 자신이 죄인임을 회개하고, 죄 사함을 받으면 하나님께서 성령을 마음 안에 보내 주십니다. 성령은 예수 그리스도를 영접하여 하나님 자녀 된 권세를 얻은 사람에게 보증으로 주시는 하나님의 선물입니다(고후 1:21~22).

이처럼 성령을 받아야 비로소 구원받은 하나님의 자녀로 생명책에 기록되고 천국의 시민권을 얻게 됩니다. 마치 아이가 태어나면 호적에 이름을 올리는 것처럼 구원받은 천국 백성으로 이름이 기록되고 하나님의 자녀 된 권세를 얻습니다.

성령은 예수 그리스도를 영접한 하나님의 자녀에게 오셔서 죽은 영을 살리고 성령의 소욕을 좇아 하나님의 뜻대로 행할 수 있도록 인도하십니다. 이렇게 막 성령을 받아 구원받은 믿음의 1단계는 아직 하나님을 위해 한 일이 아무것도 없습니다. 말씀을 듣고 순종하여 죄와 싸워 버린 것도 아니고 하나님 나라를 위해 충성하거나 하나님의 영광을 드러낸 것도 아닙니다. 예수님께서 십자가 처형을 당할 때에 예수님을 영접한 한 편 강도의 믿음이 이에 해당합니다.

3. 십자가에 달려 회개한 한 편 강도의 믿음

누가복음 23장 33절을 보면, 예수님께서 십자가에 못 박혔을 때 두 강도도 예수님의 좌우편에 못 박혔습니다.

이때 한 편 강도는 악한 사람들과 함께 예수님을 비방하고 조롱했지만 다른 한 강도는 오히려 그를 꾸짖으며 예수님께 믿음을 고백합니다. "예수여 당신의 나라에 임하실 때에 나를 생각하소서." 하고 자신의 영혼을 부탁했던 것입니다. 이에 예수님은 "오늘 네가 나와 함께 낙원에 있으리라." 하셨습니다.

그는 죽기 전 마지막 순간에 예수님을 구세주로 영접하여 천국 낙원을 약속받은 것입니다. 여기서 예수님이 낙원에서 그와 함께 있겠다 하신 것은 강도가 구원받아 낙원에 들어가게 될 것을 말씀한 것이지 예수님께서 낙원에 계신다는 의미가 아닙니다. 예수님은 낙원을 포함하여 모든 천국의 주인이기 때문에 이렇게 말씀하신 것이지요.

낙원은 부끄러운 구원을 받은 사람 곧 믿음의 1단계에 해당되는 사람이 들어가는 곳으로 천국의 가장 변두리에 해당하며 상급이 없습니다. 그 강도는 다만 선한 양심을 좇아 자신이 죄인임을 고백하고 예수님을 구세주로 영접하여 죄를 용서 받았을 뿐 주님을 위해 한 것이 아무것도 없기 때문에 낙원에 들어간 것입니다. 물론 구원받은 강도가 계속 살아서 신앙생활을 했다면 달라졌을 수도 있습니다. 성령의 소욕을 좇아 죄를 버리고 하나님 나라에 충성하여 믿음이 2, 3단계로 성장했다면 더 좋은 천국에 들어갈 수도 있었을 것입니다.

보통 예수 그리스도를 영접하여 성령 받은 지 얼마 안 된 초신자만 1단계에 해당한다고 생각할 수 있는데 그렇지 않습니다. 오랫동안 신앙생활 하여 하나님의 말씀을 알면서도 행하려고 노력조차 하지 않으면 구원받을 믿음이 있다고 해도 1단계 믿음밖에 안 되는 것입니다. 믿음이 좋아 보이던 사람이 어느 순간 도적질, 거짓말, 간음 등 육체의 일(행위로 짓는 죄)을 행하는 경우가 있는데 이 또한 믿음의 1단계입니다.

대개 성령 받은 직후에는 성령이 충만하여 가르침 받는 대로 순종합니다. 그래서 믿음이 좋은 것처럼 보이기도 하지만 어느 순간 세상을 바라봄으로 성령 충만함을 잃어버리면 다시 구습을 좇아 세상과 짝하며 죄를 짓기도 합니다. 이것이 지속되면 성령마저 소멸되어 1단계 믿음을 유지하기도 쉽지 않지요.

그러므로 자신이 믿음의 1단계에 속한다면 그 모습 그대로 있으면 안 됩니다. 각종 예배와 기도회, 모임에 참석해서 말씀을 배우고 배운 대로 열심히 행하여 2, 3단계로 신속하게 성장해야 합니다. 만일 하나님 말씀대로 살지 않고 자꾸 죄를 범하면 하늘나라 생명책에서 이름이 흐려져 구원받을 수 없는 경우도 있기 때문입니다.

4. 믿음의 1단계가 들어가는 낙원

낙원은 믿음의 1단계가 들어가는 천국으로서 천국에서 가장 낮은 처소이지만 이 땅과 비교할 수 없을 만큼 행복하고 아름다운 곳입니다. 여러분의 상상력을 총동원해서 가장 아름답고 쾌적하며 행복한 장소를 그려 보시기 바랍니다.

하늘은 눈부시게 맑고 푸른데 하얀 구름들이 그림처럼 떠 있습니다. 고운 모래가 반짝이는 해변에, 바다는 너무나 맑아서 물속이 다 비쳐 보이는데 여러 색깔의 물고기들이 산호초 사이로 헤엄쳐 다닙니다.

아름다운 수목과 꽃들이 흐드러지게 피어서 달콤한 꽃향기가 사방에서 퍼져 나오며 잔디가 끝없이 펼쳐져 있지요. 춥지도 덥지도 않은 쾌적한 날씨에 곳곳에서 사람들의 행복한 웃음소리가 들려옵니다. 이 땅에서도 이렇게 아름답고 평안한 곳을 보면 "마치 천국 같다." 말하기도 하지요.

그러나 이 땅에서 아무리 아름다운 곳이라 해도 또 어떤 상상을 해본다 해도 낙원과는 비교가 되지 않습니다. 꽃잎 하나, 풀잎 하나가 이 땅의 것과는 전혀 다르며 새의 깃털 하나만 보아도 그 빛깔과 광채가 황홀할 정도입니다. 그러니 낙원에 들어서면 마치 꿈속에 들어온 것처럼 아름다운 경관 속에서 "나 같은 사람이 어떻게 이런 은혜를 받았는가." 하며 하나님의 사랑에 감격할 수밖에 없습니다.

하나님의 보좌로부터 솟아나는 맑은 생명수가 새 예루살렘과 3천층, 2천층, 1천층을 두루 돌아 낙원까지 흘러 들어오고 생명수 강가 좌우에는 생명나무가 있어 열두 가지 실과가 달마다 맺힙니다.

영안이 열려서 천국의 낙원을 본 분들은 길이 잘 정비된 넓은 공간에 펼쳐진 잔디와 아름답게 꾸며진 많은 정원을 보셨을 것입니다. 많은 새들이 지저귀는 소리가 음악처럼 들리고 꽃들이 만발하여 아름다운 향을 발하며, 나무에 달린 과실도 마음껏 먹을 수 있지요. 슬픔, 고통, 질병이나 죽음이 없으며 해를 입히는 짐승이나 재앙도 없습니다.

그러면 여러분은 이런 낙원에서 영원히 살기를 원하십니까? 물론 낙원은 좋은 곳이지만 더 좋은 천국을 침노해 들어가야 합니다. 아무리 낙원이 좋아도 1천층에서 누릴 수 있는 행복과는 너무나 큰 차이가 있으며 그보다 윗단계의 천국과는 더 비할 수가 없습니다.

예를 들어, 정금과 각종 보석으로 화려하게 지어진 궁전 같은 집이나 왕자와 공주처럼 영화로운 면류관을 쓰고 화려한 의복을 입은 모습, 아름다운 천사들이 주인으로 섬기며 수종드는 모습 등은 낙원에는 해당되지 않기 때문입니다.

낙원에 거하는 사람에게는 상급이나 면류관이 없으며, 집도 따로 주어지지 않습니다. 우리가 이 땅에서 신앙생활 하면서 믿음으로 행한 것, 하나님을 위해 충성하고 심은 것이 천국에서 상급으로 주어집니다. 그런데 믿음의 1단계는 겨우 구원받기에 급급하니 천국에 상급을 쌓을 여유가 없었던 것이지요. 물론 집이 없다 해서 사람들이 마냥 잔디밭을 거닐고만 있는 것은 아닙니다.

이 땅에도 마을회관 같은 곳이 있어서 여러 사람이 함께 사용하듯이 낙원에도 공동으로 사용하는 장소가 있어서 그 안에서 모일 수 있고 안락하게 휴식을 취할 수도 있습니다. 공동생활을 한다 해도 천국에는 악이 없으므로 서로 양보하고 상대를 배려하기 때문에 불편하지 않고 행복하기만 합니다.

그러나 "나는 낙원에만 들어가도 족하다." 하는 분은 없으시기 바랍니다. 정녕 믿음이 있다면 더 좋은 천국을 사모해야 합니다. 천국을 침노하기 위해 하나님 말씀을 지켜 행하며 마음의 악을 버리고 거룩한 사람으로 변화되어야 하지요. 이렇게 좋은 천국을 침노하기 위한 선한 싸움이 시작되면, 믿음의 2단계로 들어서게 됩니다.

어떤 사람들은 "나는 아직 젊으니 좀 더 즐기다가 노인이 되면 교회에 가겠다." 말합니다. 복음을 들어 지식으로는 알지만, 세상의 쾌락이 좋고 신앙생활 하기는 싫다는 것이지요. 그러나 자신이 언제 죽을지는 아무도 모릅니다. 설사 얼마 후에 죽을 것을 알고 "이제 믿겠습니다." 한들 구원받을 믿음이 주어진다고 누가 보장할 수 있겠습니까?

성령은 하나님께서 은혜로 주시는 선물로서 자신이 마음대로 받을 수 있는 것이 아닙니다. 아무리 "믿습니다." 해도 구원받을 믿음이 주어지지 않고 성령을 받지 못한다면 결국 천국에 들어갈 수 없는 것입니다. 그러니 아직까지 성령을 받지 못한 분은 하나님께서 약속하신 은혜의 성령을 간절히 구하여 반드시 선물로 받으시기 바랍니다. 또한 성령을 받은 분들은 그에 만족할 것이 아니라 더 큰 믿음을 지니기 위해 힘쓰며 더 좋은 천국을 침노하여 하나님의 자녀 된 축복을 마음껏 누릴 수 있어야 하겠습니다.

5장

믿음의 2단계

The Second Level of Faith

행하려고 노력하는 믿음

신앙생활이 가장 힘들게 느껴지는 시기

젖으로 먹이고 밥으로 아니하였노니

믿음의 2단계가 들어가는 1천층

Chapter 5

The Second Level of Faith

처음에 성령을 받으면 마음에 구원의 확신이 임합니다. 십자가를 지고 죽으신 예수님께서 부활하여 나의 구세주가 되신 것이 믿어집니다. 이렇게 주님을 영접하고 성령을 받을 때에 사소한 질병은 즉시 성령의 불로 치료받는 경우도 많고 방언 같은 성령의 은사를 받기도 합니다. 죄 사함의 은혜로 인해 마음이 가볍고 기쁨과 행복으로 충만하지요.

이러한 행복과 기쁨이 날이 갈수록 더해 가는 사람은 믿음이 1단계에 머무는 것이 아니라 2, 3단계로 쑥쑥 성장합니다. 반면 믿음이 성장하지 않고 정체되어 있을 때에는 성령이 탄식하므로 충만함이 떨어지고 곤고해집니다. 따라서 기쁨을 잃지 않으려면 믿음이 계속 성장해야 합니다. 그러면 '믿음의 2단계'는 어떤 믿음인지 살펴보겠습니다.

1. 행하려고 노력하는 믿음

믿음의 2단계는 '행하려고 노력하는 믿음'입니다. 세상으로 향하던 발걸음이 교회로 향하고 말씀을 듣는 것이 기쁩니다. 예배에 참석하여 말씀을 통해 하나님 자녀는 온전한 주일 성수와 십일조를 해야 함을 배웁니다. 또 '사랑하라, 기도하라, 섬기라, 화평하라, 미워하지 말라, 간음하지 말라, 상대의 유익을 구하라' 등의 말씀을 배우지요.

이렇게 성경 말씀을 알게 되니 주님 마음을 닮아가야겠다는 결심이 생깁니다. 이때 마음 안에 계신 성령께서 말씀을 떠올려 주며 진리 가운데 행할 수 있도록 도와주십니다.

"이와 같이 성령도 우리 연약함을 도우시나니 우리가 마땅히 빌 바를 알지 못하나 오직 성령이 말할 수 없는 탄식으로 우리를 위하여 친히 간구하시느니라"(롬 8:26)

하나님 자녀들이 말씀대로 살지 않고 불법을 행할 때에는 성령께서 탄식하시므로 곤고함을 느낍니다. 반면에 말씀에 순종하여 진리 가운데 행하면 성령께서 기뻐하시므로 평안과 행복이 임하며 성령 충만함을 입습니다.

그런데 믿음의 1단계에서는 교회에 다니며 믿는다 하지만 이전의 구습이 계속됩니다. 술, 담배를 끊지 못하는 경우도 있고 혈기를 내며 자기 유익을 위해 거짓말을 하는 등 세상 사람과 별 차이가 없습니다.

아직 진리가 무엇인지, 비진리가 무엇인지 모르기 때문에 죄를 지으면서도 죄인 줄을 알지 못하지요. 마치 아기가 발가 벗어도 부끄러움을 느끼지 못하는 것과 같습니다. 이때에는 성령의 탄식 소리도 듣지 못합니다.

그러다가 하나님 말씀을 들은 대로 행해 나가려는 마음이 생기고 행하기 위해 노력하면 믿음의 2단계로 접어듭니다. 믿음의 2단계에서는 말씀을 알면서도 여전히 죄를 지으면 성령이 탄식하는 것을 느낍니다.

"내가 이러면 안 되는데, 진리는 이것이 아닌데." 하면서 마음이 곤고해지고 충만함이 떨어집니다. 하나님이 기뻐하시지 않는 것을 마음으로 깨닫기 때문입니다.

2. 신앙생활이 가장 힘들게 느껴지는 시기

믿음의 2단계는 앞서 말한 '아이들의 믿음', '나무의 믿음'에 해당합니다. 이 단계에 있는 사람은 신앙생활이 어렵게 느껴질 수 있습니다.

지식으로는 하나님 말씀을 알고 말씀대로 행해야 한다는 것도 압니다. 그러나 아직 온전히 행하지는 못합니다. 행하려고 노력하지만 승리할 때도 있고 그렇지 못할 때도 있지요. 십일조를 온전히 해야 한다는 말씀을 알지만 때로는 순종하지 못하고, 미워하지 않으려고 애쓰지만 여전히 미움이 있는 것을 발견합니다. 간음하고자 하는 마음이 있기에 마음에 드는 이성을 보면 동요하기도 하지요. 시험을 만나면 감사하지 못하고 원망 불평합니다.

성경 말씀대로 행하려고 무던히 힘쓰지만 정작 뜻대로 되지 않으니 신앙생활 하기가 가장 힘든 단계입니다. 그러나 이때도 낙심하거나 포기하지 말고 노력해 나가야 합니다. 비록 말씀대로 온전히 행하지 못한다 해도 이렇게 노력하는 모습을 보고 하나님께서 믿음이 있다고 인정하시는 것입니다.

또한 기도하며 하나님 능력을 구하고 말씀대로 행하려고 노력하면 점점 변화되는 것을 느낄 수 있습니다. 전에는 한 달에 열 번 혈기를 내던 사람이 다섯 번, 세 번으로 줄다가 결국 범죄하지 않는 사람이 되는 것입니다. 이렇게 변화될수록 믿음의 2단계에서 3단계로 가까이 가게 됩니다.

사도 바울은 신앙생활이 힘든 이유를 이렇게 설명합니다.

"그러므로 내가 한 법을 깨달았노니 곧 선을 행하기 원하는 나에게 악이 함께 있는 것이로다 내 속사람으로는 하나님의 법을 즐거워하되 내 지체 속에서 한 다른 법이 내 마음의 법과 싸워 내 지체 속에 있는 죄의 법 아래로 나를 사로잡아 오는 것을 보는도다"(롬 7:21~23)

이처럼 하나님 말씀을 들어 알지만 선과 악을 행하고자 하는 마음이 함께 있어 싸우므로 힘들어하는 사람이 있습니다. 이런 믿음의 사람을 갈무리할 때는 지혜롭게 이끌어야 합니다. 술과 담배를 한다 해서 무조건 끊으라고 권면하는 것이 아닙니다. "하나님께서 도와주시면 쉽게 끊을 수 있습니다. 믿고 기도하세요."라고 권하는 것이 좋습니다.

또 주일 오전 예배만 드린 후 가게 문을 여는 사람이 있다면 "하나님께서는 주일을 온전히 지키면 기뻐하십니다. 주일 성수하고 믿음으로 기도하면 주일에 가게 문을 열어서 얻는 수입보다 더 큰 수입으로 축복하시는 것을 체험할 것입니다."라고 권면하면 좋겠지요.

그렇다 해서 믿음이 성장하지 않고 제자리에 머물러 있어도 괜찮다는 뜻은 아닙니다. 만일 어린아이가 성장하지 못하고 그대로 있다면 기형아가 되거나 죽을 수밖에 없을 것입니다. 하나님 말씀대로 행하려고 노력하지 않는다면 자연히 믿음이 떨어지고 아예 구원의 길에서 멀어질 수도 있으니 늘 관심을 가지고 살펴야 합니다.

믿음의 2단계에서는 말씀대로 행하려고 노력하지만 말씀 안에 담긴 하나님의 뜻을 마음에 깨달아서 행하는 것은 아닙니다. 하나님 말씀대로 행해야 한다고 배웠기 때문에 의무적으로 순종하려는 것입니다.

일례로 '안식일을 지키라'는 말씀에는 지켜야 하는 이유가 있습니다. 안식일은 하나님께서 복 주신 날이며 안식일을 지킬 때에 영적으로 하나님께 속해 있다는 증거가 되므로 원수 마귀 사단이 시험 환난을 가져다줄 수가 없습니다. 이렇게 안식일을 지키라 하신 뜻을 마음으로 깨달으면 그 말씀을 지켜 행하는 것이 어렵지 않습니다. 하나님 앞에 찬송하며 예배하고 성도와 교제하는 것이 행복합니다.

그런데 말씀을 듣고 알지만 마음으로 깨닫지 못할 때에는 상황이 좀 다릅니다. 주일이 되어 교회에 가기보다는 집에서 쉬고 싶은 마음에 갈등하고, 친구들과 놀러가고 싶거나 다른 일을 하고 싶은 유혹이 들어옵니다. 이렇게 주일을 지키지 않고 싶은 마음과 "그래도 주일을 지켜야 한다."는 마음이 있기에 갈등합니다. 말씀대로 행하고자 하는 성령의 소욕과 세상을 좇기 원하는 육신의 소욕이 마음 안에서 싸웁니다.

이런 싸움이 가장 치열할 때는 두 마음의 세력이 서로 비슷할 때입니다. 어느 한쪽 힘이 크게 강하면 갈등할 것이 없습니다. 진리의 마음이 강하면 진리대로 행하고 비진리의 마음이 강하면 비진리를 좇아 갈 것이기 때문입니다.

믿음의 2단계 중반쯤에서는 진리와 비진리의 세력이 대등하기 때문에 갈등이 심해집니다. 하지만 계속 힘들기만 한 것이 아닙니다. 기도하면서 성령의 소욕을 좇아 나가는 만큼 비진리를 좇으려는 마음은 점점 힘을 잃어갑니다. 그러면 진리대로 행하는 것이 수월해지고 신앙생활이 더 행복하게 느껴집니다. 이렇게 해서 행할 수 있는 믿음이 되면 믿음의 3단계로 접어듭니다. 젖이나 죽을 먹는 단계를 벗어나 밥 먹는 단계의 신앙이 되는 것입니다.

3. 젖으로 먹이고 밥으로 아니하였노니

사도 바울은 고린도교회 성도들을 영적으로 양육할 때에 어린아이들을 대함과 같이 했음을 알 수 있습니다.

"형제들아 내가 신령한 자들을 대함과 같이 너희에게 말할 수 없어서 육신에 속한 자 곧 그리스도 안에서 어린아이들을 대함과 같이 하노라 내가 너희를 젖으로 먹이고 밥으로 아니하였노니 이는 너희가 감당치 못하였음이거니와 지금도 못하리라 너희가 아직도 육신에 속한 자로다 너희 가운데 시기와 분쟁이 있으니 어찌 육신에 속하여 사람을 따라 행함이 아니리요"(고전 3:1~3)

서로 시기하고 분쟁한다는 것은 아직 하나님 말씀대로 행하지 못하는 믿음의 1, 2단계임을 나타내지요. 이런 경우에는 젖을 먹이듯 부드럽게 권면하고 말씀을 가르치며 이끌어야 하므로 '젖 먹는 신자'라고 합니다. 반면에 믿음이 성장하여 하나님 말씀을 이해할 뿐 아니라 스스로 말씀대로 행할 수 있으면 '밥 먹는 신자'라고 합니다.

만일 젖을 주어야 하는 갓난아기에게 고기와 밥을 먹이면 생명이 위태로울 수 있습니다. 영적으로도 젖 먹는 신자인지, 밥 먹는 신자인지 상대의 믿음의 분량을 잘 살펴서 지혜롭게 이끌어야 합니다.

그렇다고 초신자가 온전한 주일을 지키지 않아도 모른 척하라는 의미는 아닙니다. 하나님의 뜻이 무엇인지 알려 주고 일상생활에서 체험한 은혜로운 간증을 소개하며 믿음을 심어 주어 스스로 행할 수 있도록 힘을 주어야 하지요.

젖 먹는 신자는 말씀대로 살아가면서 밥 먹는 신자가 되기 위해 힘써야 합니다. 하나님께서는 믿음의 1, 2단계에 있는 사람이 열심히 신앙생활을 하고자 힘쓰면 시험 환난에서 지켜 주십니다. 그러나 이 단계에 오래 머물러서는 안 됩니다. 말씀과 기도로써 부지런히 믿음을 성장시켜야 합니다. 그럴 때 하나님께서 때를 좇아 믿음의 3단계로 이끌기 위한 연단을 허락하고 승리하면 축복을 주시며 더 큰 믿음으로 인도하십니다.

그런데 믿음의 3단계에 있어야 할 사람이 믿음의 1, 2단계에 해당하는 삶을 산다면 원수 마귀 사단이 송사하므로 징계가 따릅니다. 하나님 말씀을 알면서도 행치 못하면 결국 사망의 길로 가기 때문에, 참 자녀를 얻고자 하시는 하나님께서는 안타까운 마음으로 징계하며 사단의 송사를 허락하실 수밖에 없습니다(히 12:6~7).

우리가 죄를 범했는데도 징계가 없다면 그만큼 하나님 사랑에서 떠나 있다는 증거입니다. 하나님께서 받으시는 아들이 아니라면 그 영혼은 지옥에 갈 수밖에 없지요. 따라서 범죄하여 징계가 임한다면 하나님께서 사랑하신다는 증거임을 깨닫고 회개해야 합니다.

4. 믿음의 2단계가 들어가는 1천층

믿음의 2단계 사람이 들어가는 천국의 처소는 1천층입니다. 믿음의 1단계 사람이 들어가는 낙원과는 달리 개인 집과 면류관과 상급이 있습니다. 믿음의 경주를 잘 마치고 승리하여 천국에 들어간 성도들은 면류관을 받는데, 1천층의 면류관은 바로 썩지 아니할 면류관입니다.

고린도전서 9장 25절에 "이기기를 다투는 자마다 모든 일에 절제하나니 저희는 썩을 면류관을 얻고자 하되 우리는 썩지 아니할 것을 얻고자 하노라" 했습니다. 비록 비진리가 많이 남아 있지만 하나님 말씀을 행하려고 한 것을, 썩지 않을 영원한 것을 바라보고 믿음의 경주에 참여한 것으로 인정하여 썩지 아니할 면류관을 주시는 것입니다.

1천층의 집은 궁전같이 크고 화려한 건물이 아닙니다. 이 땅의 다세대 주택이나 아파트에 비유할 수 있는 형태의 집입니다. 하나님 은혜로 천국을 본 사람 중에 "천국에도 아파트가 있더라."고 간증하는 경우가 바로 1천층을 본 것입니다.

집은 정금과 보석 같은 천국의 재료로 지어져 있으며, 위층과 아래층 사이에 계단이 아니라 아름다운 엘리베이터가 설치되어 있습니다. 층수를 누르지 않아도 타기만 하면 원하는 곳에서 저절로 멈춥니다.

집 안으로 들어가면 생활하는 데 아무런 불편이 없을 정도로 모든 것이 잘 갖춰져 있습니다. 음악을 즐기는 사람이라면 연주할 수 있는 악기가 있고 책을 좋아하는 사람의 집에는 책이 있으며 각자의 취향에 따라 편히 쉴 공간이 꾸며져 있습니다. 집주인이 원하는 취향과 기호에 따라 아름답게 꾸며져 있으므로 비록 1천층에 거한다 해도 큰 기쁨과 만족을 누릴 수 있습니다.

그러나 1천층에서는 자신의 집 이외에는 개인이 소유할 수 있는 시설이 없습니다. 대신 공동으로 사용할 수 있는 넓은 정원이나 골프장, 수영장, 운동시설 등이 있습니다.

개인적으로 수종드는 천사는 없지만, 필요한 장소마다 천사들이 배치되어 있어 시설을 관리하며 하나님의 자녀가 사용하고자 할 때 불편함이 없도록 도와줍니다.

어떤 사람은 영원한 천국 생활이 지루하지 않을까 생각합니다. 천국에는 이 땅과 비교할 수 없을 만큼 다양하고 즐거운 것이 많이 있습니다. 화려한 연회뿐 아니라 운동 경기나 게임, 오락 등을 즐길 수 있으며 새로운 영의 세계를 끊임없이 배웁니다.

더구나 천국에는 육이 없기 때문에 변질되는 것도 지루함도 없으며 늘 새로운 기쁨과 행복으로만 가득합니다. 그러나 1천층으로 만족해서는 안 됩니다. 하나님께서는 우리가 가장 좋은 천국 새 예루살렘에 들어오기를 고대하시니 힘써 더 큰 믿음으로 성장해가야 합니다.

6장

믿음의 3단계

The Third Level of Faith

말씀대로 행할 수 있는 믿음

육신의 일을 버리고자 선한 싸움을 하는 단계

믿음의 3단계 초입과 믿음의 반석

믿음의 정체 없이 신속하게 영으로 들어가려면

믿음의 3단계가 들어가는 2천층

Chapter 6

The Third Level of Faith

그러므로 누구든지 나의 이 말을 듣고 행하는 자는

그 집을 반석 위에 지은 지혜로운 사람 같으리니

비가 내리고 창수가 나고 바람이 불어 그 집에 부딪히되

무너지지 아니하나니 이는 주초를 반석 위에 놓은 연고요

마 7:24~25

저는 주의 종이 되기 전에 틈만 나면 기도원을 찾아다니며 금식과 기도에 힘썼습니다. 그러던 어느 날 기도원에 온 목사님들이 대화하는 것을 우연히 듣게 되었습니다. "하나님의 자녀가 십계명을 모두 지킬 수 있는가?"에 대한 대화였는데 결론은 "사람이 십계명을 다 지킬 수는 없다."는 것이었습니다. 지키려고 노력은 해야 하지만 마음의 죄성을 버릴 수는 없기 때문에 온전히 지킬 수 없다는 것입니다.

예를 들어, 하나님께서는 간음하지 말라 하셨는데 행함으로 범죄하지 않을 수는 있어도 마음의 간음은 버릴 수 없다는 것이었지요. 이 대화를 들으면서 참으로 안타까웠습니다. 저는 마음에서조차 간음하지 않는 것이 하나님의 뜻(마 5:28)임을 알았기에 이를 버리기 위해 무수한 금식과 기도를 했고 결국 버릴 수 있었습니다.

성경에 "하나님의 뜻은 이것이니 너희의 거룩함이라"(살전 4:3) 말씀했습니다. 우리가 죄를 버림으로 거룩해지는 것이 하나님의 뜻이며, 하나님의 능력을 힘입으면 할 수 있기 때문에 믿음으로 이룰 것을 명하신 것입니다. 구약 시대와는 달리 오늘날은 성령이 함께하심으로 능히 이룰 수 있습니다.

1. 말씀대로 행할 수 있는 믿음

성경 말씀은 크게 '하라, 하지 말라, 버리라, 지키라'는 4가지로 구분할 수 있습니다. 믿음의 2단계에서는 하나님 말씀대로 행하려고 노력하지만 때로는 지키기도 하고 때로는 그렇지 못할 때도 있습니다.

그러나 행하려고 계속 노력하면 믿음이 성장하여 점점 말씀대로 행할 수 있는 분량이 많아집니다. 결국 말씀대로 행할 수 있으면 믿음의 3단계가 됩니다. 그래서 믿음의 3단계를 '행할 수 있는 믿음'이라고 합니다.

믿음의 2단계에서는 행함으로 짓는 죄 곧 육체의 일을 범할 때도 있지만 믿음의 3단계에 이르면 당연히 육체의 일은 더 이상 나오지 않습니다. 믿음의 3단계부터는 오히려 행함이 변화되어 세상의 빛과 소금이 됩니다. 애매하게 욕을 먹고 책망하는 말을 듣는다 해도 잠잠히 참으며 어려운 문제 앞에서도 기뻐하고 감사하고자 노력하지요. 어찌하든 상대의 유익을 구하며 모든 사람을 섬기려고 합니다. 그러니 믿음의 3단계에 있는 사람은 세상 사람이 볼 때도 "저 사람은 하나님을 믿으니 뭔가 다르다." 말할 수 있는 것입니다.

믿음의 3단계에서는 말씀을 알므로 의무감 속에 지키는 것이 아니라 하나님의 뜻을 깨달았기 때문에 마음에서 우러나오는 행함이 나옵니다. 말씀을 머리로만 아는 것과 깨닫는 것은 전혀 다릅니다. 주일 성수와 십일조의 예를 들어 보겠습니다.

앞서 말씀드린 대로 주일 성수는 하나님의 영적 주권을 인정하여 우리 영혼이 하나님께 속해 있음을 증거하는 것입니다. 하나님의 자녀가 주일을 거룩하게 지키면 하나님께서 한 주간 재난이나 질병, 사고에서 지키시며 영혼이 잘되도록 인도해 주십니다.

또 십일조를 드리는 것은 하나님의 물적 주권을 인정하여 우리의 모든 소유가 하나님께로부터 왔음을 인정하는 믿음의 행함입니다. 사람이 아무리 수고하고 노력한다 해도 하나님께서 주시지 않으면 열매를 거둘 수 없습니다.

그러니 우리의 모든 수입이 결국 하나님의 것이지만 그중 십분의 일만 하나님께 드리고 나머지는 자유롭게 쓰도록 허락하신 것입니다. 하나님께서는 십일조를 온전하게 드릴 때 물질의 손실을 막아 주시고 창고가 넘치도록 축복하겠다 약속하셨습니다(말 3:10).

이러한 말씀을 들어서 알지만 행하지 못하거나 억지로 행하는 사람이 있습니다. 마음으로 깨닫지 못하고 아는 데 그치기 때문입니다. 하지만 믿음의 3단계는 주일 성수와 십일조가 축복임을 마음으로 깨달으므로 온전히 행합니다. 이렇게 깨달아서 행하는 믿음의 3단계와 깨닫지 못하는 2단계는 확연히 차이가 납니다.

2. 육신의 일을 버리고자 선한 싸움을 하는 단계

믿음의 2단계에서는 깨닫지 못했다 할지라도 일단 들어서 알기 때문에 행하려고 노력합니다. 기도하며 행하려고 노력하다 보면 어느 순간 하나님께서 위로부터 은혜를 주셔서 마음으로 깨달을 수 있게 하시지요. 그것이 은혜가 되고 능력이 되어 그 후로는 능히 행할 수 있게 됩니다.

갓난아이는 처음에는 누워서 손짓 발짓을 하다가 차츰 뒤집기를 합니다. 시간이 지나면 기어 다니다가 두 발로 서게 됩니다. 이렇게 노력하는 과정에 다리에 힘이 생기므로 마침내 걷고 뛸 수 있게 되지요. 마찬가지로 믿음도 말씀을 듣고 안다 해서 행할 수 있는 은혜와 능력이 오는 것이 아닙니다. 기도하면서 행하려고 노력해야 하나님께서 그 중심을 보고 깨달아지는 은혜를 주십니다. 그래서 행할 수 있는 능력이 오면 말씀대로 행하는 것이 더 이상 짐으로 느껴지지 않습니다.

마치 일상생활처럼 말씀대로 행하는 것이 자연스럽게 몸에 익어서 안정적인 신앙생활을 하게 됩니다. 눈에 드러나는 비진리를 버려 육체의 일을 행하지 않을 뿐 아니라 이제 마음으로 짓는 죄 곧 육신의 일을 버리며 마음의 죄성까지 뽑아 나가는 단계입니다. 말씀이 온전히 마음에 임하고 악의 큰 뿌리마저 온전히 뽑힐 때까지 계속 믿음의 선한 싸움을 싸워나가는 것입니다.

데살로니가전서 5장 16~18절에 "항상 기뻐하라 쉬지 말고 기도하라 범사에 감사하라 이는 그리스도 예수 안에서 너희를 향하신 하나님의 뜻이니라" 하신 말씀을 통해 믿음의 3단계에 대해 좀 더 살펴보겠습니다.

이 말씀의 의미를 마음에서 깨닫지 못한 사람은 고난을 만났을 때 기뻐하고 감사하려고 노력은 해보지만 형식적으로 하게 됩니다. 마음에서는 여전히 '이렇게 어려운데 어떻게 감사할 수 있는가.' 하는 생각이 들기 때문이지요. 기뻐하려고 노력해보다가 결국 참지 못하고 원망 불평을 터뜨리기도 합니다.

그래도 어찌하든 순종하기 위해 노력하면 어느 순간 기도 가운데 하나님의 뜻이 깨달아지기 시작합니다. "잠시 고난이 있다 해도 영원한 천국에 갈 소망이 있으니 얼마나 감사한가,

믿고 구하면 응답받아 영광 돌릴 것이니 얼마나 기쁜 일인가." 하며 감사의 조건들을 깨달아갑니다.

또한 말씀대로 감사할 때 시험 환난이 물러간다는 사실이 점점 마음에서 믿어집니다. 기뻐하고 감사하는 것은 하나님께 속한 빛의 행함입니다. 시험 환난은 어둠인 원수 마귀 사단이 주는 것이지요. 빛이 들어오면 어둠은 물러가듯이 중심에서 감사하고 기뻐할 때 그 영적인 빛으로 인해 시험 환난이 떠나고 축복이 임합니다.

이런 사실을 마음에서 깨달으면 어떤 어려움을 만나도 믿음으로 기뻐하고 감사할 수 있습니다. 그러면 실제로 하나님의 은혜와 능력 가운데 시험 환난이 물러가는 것을 체험하게 됩니다. 이로 인해 마음에 확실한 믿음이 주어지고 다음에는 시험이 와도 더 쉽게 기뻐하고 감사할 수 있습니다.

물론 겉으로만 말씀대로 행한다 해서 무조건 믿음의 3단계라 할 수는 없습니다. 예를 들어 주일에 교회에 나온다 해도 가족의 눈치 때문에 나오거나 예배 시간 내내 졸고 있다든지 "얼른 집에 가서 텔레비전을 보면 좋겠다, 축구 경기를 보고 싶다." 등 이런저런 잡념 속에 예배를 드린다면 믿음의 3단계라 할 수 없습니다.

또 믿음은 변개함이 없어야 하는데, 심고 행한 것에 생각만큼 빨리 축복이 오지 않으면 행한 것을 후회하거나 예전 모습으로 돌아가 버리는 경우도 있지요. 이 역시 마음으로 깨달아서 행할 수 있는 믿음의 단계가 아닙니다. 그러니 믿음의 분량이란 어느 한두 가지의 외적인 행함이 아니라 마음에 얼마나 하나님의 뜻을 깨닫고 믿는지를 통해 분별할 수 있는 것입니다.

요한일서 2장 14절에 "청년들아 내가 너희에게 쓴 것은 너희가 강하고 하나님의 말씀이 너희 속에 거하시고 너희가 흉악한 자를 이기었음이라" 하셨습니다. 여기서 말하는 청년들의 믿음이 바로 믿음의 3단계에 해당합니다.

하나님 말씀이 그 안에 거하시니 항상 말씀대로 행할 수 있고 그 말씀의 검으로 흉악한 자, 곧 원수 마귀 사단을 이길 수 있는 믿음입니다. 그러니 어떤 어려움을 만났을 때 잠시 근심이 틈탄다 해도 곧 생각을 바꿔서 하나님을 의지하려고 노력하며 감사의 기도를 드릴 수 있습니다. 합력하여 선을 이루시는 하나님의 능력을 구하는 것입니다. 우리가 하나님 말씀 안에 거하고 하나님 말씀이 우리 안에 거하시면, 어떤 상황에서도 하나님의 능력으로 승리할 수 있습니다.

3. 믿음의 3단계 초입과 믿음의 반석

같은 믿음의 단계에 속해도 저마다 믿음의 분량이 다릅니다. 각 믿음의 단계를 100으로 나누어 분량을 측정한다면 10퍼센트, 20퍼센트, 50퍼센트 이렇게 올라갑니다. 그래서 100퍼센트가 되면 그다음 단계로 들어가는 것입니다. 가령, 믿음의 2단계를 1퍼센트에서 100퍼센트로 나눌 때 100퍼센트에 가까울수록 믿음의 3단계에 가까운 것이며, 믿음의 3단계에서 100퍼센트가 되면 믿음의 4단계로 들어가는 것입니다.

믿음의 3단계에서는 말씀대로 행한다 해도 처음에는 마음에 갈등이 있습니다. 하나님의 뜻을 깨달아 순종은 하지만, 마음에 죄성이 남아 있기 때문에 두 마음이 서로 싸웁니다. 선을 좇으려는 영의 생각과 악을 좇으려는 육신의 생각이 싸우는 것이지요.

앞서 말씀한 대로 고난을 당할 때 믿음의 2단계는 기뻐하고 감사하려고 노력은 하지만 결국 이기지 못하여 불평을 쏟아내기도 합니다. 이에 반해 믿음의 3단계는 고난 중에도 감사하고 기뻐할 수 있습니다. 물론 3단계라 해서 모두 100퍼센트 온전한 기쁨과 감사가 나오는 것은 아닙니다.

3단계 중에서도 초입이라면 어려움을 만나는 순간 '너무 힘들다.' 하는 육신의 생각이 동원되어 충만함이 사라지려 할 수 있습니다. 그러나 곧 성령의 음성을 들으므로 '하나님께서 살아 계신데 왜 낙심하는가.' 하고 마음을 진리로 다지게 됩니다. 그리고 온전히 기뻐하고 감사하기 위해 부르짖어 기도하여 은혜와 능력을 공급받으면 더 큰 감사와 기쁨이 솟아납니다.

그러다가 3단계의 60퍼센트 이상에 이르면 마음에서 죄성이 많이 버려진 상태이므로 하나님 말씀대로 행하는 데 별 어려움이 없습니다. 악을 발하지 않으려고 애써 참는 것이 아니라 마음에서 죄성 자체를 대부분 버렸으므로 악이 나오지 않는 것입니다.

갑자기 어려움을 만난다 해도 낙심하거나 불평하려는 생각보다는 하나님을 의지하여 기뻐하고 감사하려는 생각이 먼저 떠오르지요. 혹 순간적으로 '힘들다.'는 생각이 스친다 해도 즉시 몰아내고 감사와 기쁨으로 마음을 바꿀 수 있습니다.

마태복음 7장 24~25절에 보면 "누구든지 나의 이 말을 듣고 행하는 자는 그 집을 반석 위에 지은 지혜로운 사람 같으리니 비가 내리고 창수가 나고 바람이 불어 그 집에 부딪히되 무너지지 아니하나니 이는 주초를 반석 위에 놓은 연고요" 하셨습니다. 고린도전서 10장 4절에는 "그 반석은 곧 그리스도시라" 했지요. 시험 환난에 요동하지 않고 말씀대로 온전히 행하는 믿음이 되면 반석이신 예수 그리스도 위에 든든히 섰다 하는 것입니다.

믿음의 3단계에서도 60퍼센트 이상이 되면 '믿음의 반석' 위에 들어서기 시작했다 말할 수 있습니다. 이렇게 마음에 깨달아서 행할 수 있는 믿음의 3단계로 들어오고 더구나 반석에 들어서면 신앙생활이 힘든 것이 아니라 오히려 하루하루가 기쁘고 행복하고 신이 납니다. 70~80퍼센트가 되면 반석에 온전히 선 것이고 이때는 말씀대로 행하는 것이 마치 몸에 밴 습관처럼 저절로 나옵니다.

이렇게 믿음의 3단계에 들어서서 육신의 일을 하나하나 버려 나가 4단계에 가까워질수록 하나님과 더 밝히 교통하며 하나님의 사랑을 더 진하게 느낄 수 있습니다. 이때는 아무리 나를 힘들게 하는 상대가 있어도 그를 사랑하지는 못할망정 미워하지는 않습니다. 급히 돈이 필요할 때 길에서 지갑을 줍는다 해도 "내가 쓸까, 주인을 찾아 줄까." 심각하게 갈등하는 것이 아니라 당연히 주인을 찾아 주려는 마음입니다.

나아가 어떤 상황에서도 순간의 육신의 생각조차 동원되지 않고 즉시로 선을 좇으며 온전히 기뻐하고 감사할 수 있게 되면 마침내 영의 믿음, 곧 믿음의 4단계로 들어선 것입니다.

다른 예를 들어 보겠습니다. 직장에서 동료가 무례하게 대할 뿐 아니라 자신의 업무까지 번번이 떠넘기려 합니다. 이런 경우 믿음의 2단계에 있는 사람은 상대의 무례하고 염치없는 행동에 기분이 상합니다. 진리의 말씀을 알기 때문에 감정을 삭이고 섬겨 주려고 노력은 해보지만 속으로는 이런저런 생각으로 불편합니다. 이런 일이 쌓이면 더 이상 참지 못하고 짜증을 내기도 하지요. 3단계에서는 그렇게 화평을 깨는 일은 없습니다. '그럴 만한 사정이 있겠지.' 하며 좋게 생각하려고 노력하면서 상대가 원하는 대로 섬겨 줍니다.

그런데 아직 3단계 초입에서는 온전히 마음에 진리가 임한 것은 아니기 때문에 마음에 불편한 생각이 떠오르기는 합니다. 그래도 다시 생각을 바꾸어 선한 마음을 품고자 합니다. 믿음의 반석에 서면 순간적으로는 불편한 생각이 든다 해도 즉시 영의 생각, 진리의 생각으로 바꿀 수 있고 평안한 마음으로 상대를 섬길 수 있습니다. 그런 순간적인 생각조차 없이 온전히 상대를 섬길 수 있다면 이때는 믿음의 4단계, 영의 사람이 된 것입니다.

직분자라면 적어도 믿음의 3단계에 들어서야

신앙생활을 오래하여 연륜이 쌓이면 장로, 권사 혹은 구역장이나 기관장 등 여러 직분을 받게 됩니다. 그런데 이렇게 양 떼의 머리가 되려면 믿음이 적어도 3단계는 되어야 합니다.

만일 신앙생활을 오래했다 해도 2단계에 머물러 있어 자기 신앙도 온전하게 세우지 못한다면 다른 영혼을 이끌어 주기는 어렵습니다. 또 그동안 신앙생활을 하면서 많은 말씀을 들었는데도 여전히 2단계에 있다면 그 모든 말씀을 다 흘려버린 것이니 하나님 앞에 참으로 민망한 일이지요.

믿음의 2단계에서 3단계로 들어오는 시간은 노력만 하면 결코 길지 않습니다. 물론 세월이 지나도 노력하지 않으면 여전히 2단계에 머물거나 오히려 믿음의 1단계로 퇴보하기도 하며 그러다 자칫하면 구원받지 못할 수도 있습니다.

요한계시록 3장 15~16절에는 이를 경계하여 미지근한 신앙생활을 하면 토하여 내치리라 말씀하셨습니다. 그러니 직분을 맡은 사람이라면 당연히 열심히 변화되어 믿음의 3단계에는 들어와야 하는 것입니다.

또 믿음의 3단계에 들어온 사람은 믿음의 1, 2단계를 부지런히 살피고 돌봐줘서 그들도 3단계에 들어올 수 있도록 도와야 합니다. 정녕 말씀대로 행할 수 있는 믿음이 있다면 십자가에 달려 "내가 목마르다." 하신 예수님의 호소가 마음에서 잊힐 리가 없습니다. 자기 신앙만 잘 지키면 되는 것이 아니라 열심히 전도하고 심방하여 예수님의 피 값을 찾아드려야 하며 예수 그리스도의 심장으로 영혼들을 돌봐야 하는 것이지요.

어떤 사람은 죄와 싸우고 연단을 받느라 사명 감당을 못한다고 말하는 경우가 있습니다. 그러나 먼저 그의 나라와 의를 구하라 하신 것처럼, 자신의 죄를 버려갈 뿐 아니라 하나님의 나라를 위해서도 열심을 내야 합니다.

믿음이 약한 영혼들을 돌아보고 그들을 위해 기도하며 사명을 감당해 나갈 때 주님의 마음을 더 깊이 깨달을 수 있고 성결도 더 신속하게 이룰 수 있습니다.

4. 믿음의 정체 없이 신속하게 영으로 들어가려면

믿음의 1단계나 2단계를 벗어나 3단계로 들어가는 것은 신속하게 진행될 수 있습니다. 행위적으로 '하라, 하지 말라.' 하신 말씀은 마음만 먹으면 순종할 수 있기 때문입니다. 그런데 믿음의 3단계에서 4단계로 들어가기 위해서는 시간이 좀 더 걸립니다. 하나님의 뜻을 깨닫고 마음의 죄까지 버리기 위해서는 그만큼 기도와 시간이 필요한 것입니다. 그렇지만 이때도 간절히 하나님의 은혜와 능력을 구하며 열심히 노력하면 얼마든지 시간을 단축할 수 있습니다.

성도 중에 믿음의 3단계에 오랫동안 머무는 분이 많은데, 이는 대부분 죄를 버리는 노력을 멈추어 신앙이 정체되었기 때문입니다. 예를 들면 '미워하지 말라, 원수까지 사랑하라.' 하셨기 때문에 자신을 힘들게 하는 사람이 있어도 이해하며 품어 주려고는 하지만 마음에는 아직 미움이라는 죄성이 남아 있습니다. 항상 기뻐하고 감사하기 위해 노력하며 쉬지 않고 기도하지만 마음에서 불평이나 원망의 뿌리가 아주 뽑혀 없어진 것은 아니지요. 이럴 때 자기 안에 죄성이 있음을 알면서도 게으름이나 우유부단한 성품으로 인해 결단력 있게 벗어 버리지 못하는 경우가 있습니다.

더 안타까운 것은 마음에 죄성이 있는 것을 스스로는 깨닫지 못하는 경우입니다. 자신에게 어떤 죄와 악이 있는지 발견하지 못하니 여전히 그 상태에 머물고 맙니다. 믿음의 3단계에 입문했으면 빨리 성장하여 4단계로 들어가야 하는데, 그러지 못하고 정체되면 여러 문제가 생길 수 있습니다. 성령 충만함이 떨어지고 답답하고 곤고함을 느끼게 되는 것입니다.

자신이 볼 때는 잘하고 있는 것 같은데 말씀의 권세나 능력이 따르지 않으니 실망하기도 합니다.

신앙생활을 잘해서 믿음의 4단계로 들어가면 성령의 감동 감화 충만함이 떠나지 않고 성령의 음성과 인도를 정확하게 받습니다. 또한 하나님께서 함께하시는 증거가 삶의 모든 분야에 나타납니다. 이런 증거들이 따르지 않는다면 내 마음 안에 버려야 할 악의 모양이 있기 때문입니다. 그러면 믿음의 3단계에서 정체 없이 영으로 들어가려면 어떻게 해야 할까요?

죄와의 싸움을 멈추지 말아야

디모데전서 4장 5절을 보면 "하나님의 말씀과 기도로 거룩하여짐이니라" 하셨습니다. 성결되는 데는 왕도가 없습니다. 말씀을 들어서 자신의 비진리를 깨달아야 하고 발견한 것을 버릴 수 있도록 기도하여 하나님의 능력을 받아야 합니다.

이는 적당히 말씀을 듣고 은혜를 받으며 습관을 좇아 기도하는 수준을 말하는 것이 아닙니다. 죄를 버리려고 처절할 정도로 노력해야 합니다. 믿음의 3단계쯤 되면 말씀 듣기를 즐겨하며 기도를 쉬지 않습니다. 작은 죄라도 발견하면 마음을 찢으며 어찌하든 버리고자 금식하고 기도하며 애를 씁니다.

그런데 어떤 사람은 시간이 흐를수록 죄와 열심히 싸우던

예전 모습이 사라지고 슬슬 요령을 피우다가 휴전 상태로 들어갑니다. 죄의 쓴 뿌리를 다 뽑아낼 때까지 영적인 사모함이 변함없어야 하는데 그러지를 못하는 것입니다.

전쟁터에서도 한 번 승리를 거두면 그 여세를 몰아 적을 완전히 섬멸해야 합니다. 주춤해 버리면 적이 전열을 가다듬고 반격할 여유를 주게 되지요. 영적인 싸움도 3단계를 신속하게 뚫어 나가기 위해서는 가장 먼저 "내가 어느 정도 이루었다." 하는 영적인 나태함을 경계해야 합니다. 말씀과 기도로 죄성의 근본 뿌리까지 뽑아 버리도록 피 흘리기까지 싸우기를 쉬지 말아야 하는 것입니다.

한 가지 예를 들어 보겠습니다. 내가 다른 사람의 행동을 보고 부지불식간 판단했다고 합시다. 이때 판단한 것을 깨닫고 "하나님, 판단하고 정죄한 것을 용서해 주세요."라고 회개합니다. 하지만 그 순간은 회개했다 해도 죄성을 뽑아 버린 것은 아니기에 그런 상황이 다시 오면 또 판단이 나옵니다. 그리고 회개하기를 반복하지요.

이렇게 내 안에 있는 죄성을 온전히 버리지 않으면 믿음이 자라질 않습니다. 믿음이 계속 성장하려면 죄와 싸우되 피 흘리기까지 대항하여 결국 다 벗어 버려야 합니다. 그러기 위해서는 자신의 죄성을 발견할 때 그냥 흘려버리지 말고 마음 깊이 애통하며 하나님 은혜를 구해야 합니다.

내 안에 있는 죄악이 얼마나 추한지를 깨달아 마음을 찢고 부르짖어 기도함으로 죄의 큰 뿌리까지 뽑아 버릴 수 있는 능력을 받아야 합니다. 금식이나 작정 기도를 하고 정성을 다해 예물을 드리는 등 하나님을 기쁘시게 하는 행함과 함께 죄를 버리기 위해 최선을 다해야 하지요.

이러한 노력을 통해 하나님의 은혜와 능력, 성령의 도우심이 임하면 결국 죄성이 마음에서 버려집니다. 늘 회개만 한다고 죄를 버릴 수 있는 것이 아닙니다. 정말로 내 안에 있는 악이 싫기에 버리고자 하는 간절한 중심과 진실한 행함으로 노력할 때 결국 근본 죄성 뿌리까지 뽑아 버릴 수 있습니다.

육신의 생각을 깨뜨려 버려야

육신의 생각이란 마음에 있는 비진리가 혼의 작용을 통해 나오는 것입니다. 로마서 8장 6~7절을 보면 "육신의 생각은 사망이요 영의 생각은 생명과 평안이니라 육신의 생각은 하나님과 원수가 되나니 이는 하나님의 법에 굴복지 아니할 뿐 아니라 할 수도 없음이라" 말씀했습니다.

마음에 진리만 있으면 진리와 영의 생각만 나오며, 육신의 일도 범하지 않고 육신의 생각도 동원되지 않습니다. 그러나 비진리가 있을 때는 혼의 작용을 통해 비진리의 생각이 떠오르게 됩니다. 마치 컴퓨터 프로그램에 잘못된 자료를 입력하면 잘못된 결과가 나오는 것과 같지요. 그래서 육신의 생각이 있는 사람은 하나님 말씀에 순종할 수가 없습니다.

쉬운 예로 하나님께서는 "섬기는 자가 큰 자다, 주는 것이 받는 것보다 복이 있다." 하십니다. 그런데 마음에 교만과 욕심이 있으면 이런 말씀을 들을 때 '받지 않고 주기만 하면 손해가 아닌가?' 하는 육신의 생각이 들기 때문에 섬길 수도, 줄 수도 없습니다. 이렇게 하나님의 뜻을 이해할 수 없고 하나님 말씀에 순종할 수가 없으니 육신의 생각은 하나님과 원수가 된다는 것입니다.

그런데 신앙생활을 하면서 말씀을 들어서 지식으로 아는 것은 점점 많아지는 반면에 아는 것만큼 마음에 이루지는 못할 때, 진리의 말씀을 자신의 악과 교묘하게 결합시켜 새로운 유형의 육신의 생각을 하게 됩니다. 말씀으로 자신의 죄악을 발견해야 하는데 오히려 다른 사람을 판단 정죄하기도 하고 자신의 잘못을 핑계 대며 정당화하기 위해 진리를 부적절하게 적용하기도 하지요. 그러한 육신의 생각 중 가장 대표적인 것이 바로 자기적인 의와 틀입니다.

대표적인 육신의 생각인 자기 의와 틀

'자기 의'란 자기 보기에 옳은 것을 고집하거나 주장하는 것
입니다. 자기 의에는 먼저 세상적인 의가 있습니다. 이는 '부
모의 원수를 갚는 것이 자식의 도리다.' 등과 같이 원수까지라
도 사랑하라 하시는 하나님의 뜻에 정면으로 위배되는 의입
니다. 다음으로 '진리를 바탕으로 만든 의'가 있는데 나름대로
열심히 신앙생활 하는 사람 중에도 이것이 영으로 들어오는
데 걸림돌이 되는 경우가 많습니다.

자기 의가 강한 사람은 상대에게도 자기 의를 따르도록 강
요하여 힘들게 하기도 합니다. 예를 들면, 열심히 충성하지 않
는 사람을 볼 때 "일꾼이라 하면서 그렇게 게으르면 되겠습니
까?" 지적하며 권면합니다. 혹은 여러 사람이 있는 데서 "내
주변에 이렇게 게으른 사람을 보았습니다. 우리는 그러면 안
됩니다." 하고 말합니다. 이때 본인이나 주변 사람이 들으면,
누구에 대한 말인지 쉽게 눈치챌 수 있을 정도로 상대를 드러
내어 말하는 것입니다.

물론 일꾼이 열심 내고 충성하는 것은 마땅한 일이며, 지적
을 통해 상대가 은혜받고 회개하면 다행이지만 그 말을 받지
못하면 오히려 역효과가 날 수도 있습니다. "저 사람이 나를
찌른다." 생각하여 은혜가 떨어지거나 실족할 수 있지요.

비록 상대의 잘못을 지적하고 권면해야 할 경우라 해도 성결을 사모하는 마음으로 하나님께 지혜를 구하면 상대의 마음을 감동시킬 선한 방법을 떠올려 주십니다. 그러나 자기 의가 강한 사람은 자신이 아는 진리가 옳다고만 생각하기 때문에 자신의 방법이 하나님의 마음에 합당하지 않고 그로 인해 상대가 상처받거나 실족해도 여전히 '나는 옳고 상대가 악하다.'고만 생각합니다. 곧 내용이 의롭고 선하다는 것만 생각하기 때문에 방법이 선하지 않다는 사실을 깨닫지 못하는 것입니다.

그래서 '화평하라, 섬기라, 판단하지 말라.' 하는 하나님 말씀을 들어도 '나는 하나님을 사랑하여 충성한다.', '상대를 사랑하여 옳은 것을 권면했다.' 생각합니다. 이렇게 '내가 옳다.' 생각하는 것이 자기 의로서, 이로 인해 자신의 악을 발견하지 못하며 성결의 길로 신속하게 나아가지 못하는 것입니다.

다음으로 '자기 틀'이란 '무엇 무엇이 옳다는 생각이 단단하게 굳은 것'을 말합니다. 사람들은 저마다 보고 듣고 배운 것을 바탕으로 '생각의 틀'을 만듭니다. 자기 지식이나 경험을 바탕으로 '이것이 도덕적으로 옳다, 이것이 교양 있는 행동이다, 이 지식이 맞다.' 등의 생각을 굳혀 나가지요. 단단하게 굳어서 쉽게 바뀌지 않는 생각이 바로 '생각의 틀'입니다.

이 틀은 사람마다 다릅니다. 성격이나 취향, 환경, 지식과 교양 등이 다르기 때문입니다. 또 이 틀을 객관적인 사실이나 절대적인 진리에 비춰보면 맞지 않는 것이 참 많습니다. 그런데도 사람들은 대부분 이 틀을 바탕으로 '이것이 옳다, 그르다.' 하고 매사를 분별합니다.

'틀'에도 세상적인 틀과 진리 안에서의 틀이 있습니다. 세상적인 틀이란 세상의 지식, 교양 등을 바탕으로 만든 틀입니다. 예를 들어 진화론을 굳게 믿으므로, 하나님께서 세상을 지으셨다고 하면 믿지 못하는 사람이 있습니다. '과학적 지식이 가장 객관적이다.'라는 지식의 틀 때문에 말씀을 받지 못하지요.

다음으로 진리의 틀은 믿음 안에 들어와서 하나님 말씀, 곧 진리를 바탕으로 만든 틀입니다. 바로 이러한 진리의 틀이 영으로 들어가지 못하게 하는 큰 방해요소가 됩니다. 예수님께서 사역하시던 당시에 종교지도자들이 예수님을 배척한 이유 중 하나가 바로 이 진리의 틀이었습니다. 그들은 예수님이 안식일에 병자를 고쳐 주시자 안식일을 어겼다고 비난합니다. 안식일에 대한 잘못된 틀로 진리 자체이신 예수님을 판단하고 비난한 것입니다. 이런 것이 진리를 바탕으로 만든 잘못된 틀입니다.

예를 들어 보겠습니다. 여러분이 신앙생활을 열심히 할 때 믿음이 없는 부모나 남편의 입장에서는 가족과 멀어진 것처럼 느끼므로 서운해할 수가 있습니다. 이럴 때는 하나님 나라에 충성함과 동시에 가족의 마음과 입장을 생각하여 진리 안에서 잘 섬기고 사랑함으로 그들의 마음을 감동시킬 수 있어야 합니다.

그런데 진리로 자기 틀을 만들면 하나님 말씀을 잘못 적용합니다. "사사로운 정과 욕심을 끊고 영의 사랑을 이뤄야 한다."는 말씀이나 "하나님을 먼저 기쁘게 해야 신속하게 응답받는다."는 말씀으로 나름대로 틀을 만들어 가족에게 "하나님이 더 중요하니 육적인 정을 기대하지 마세요."라고 단호히 말합니다.

부모님 생신이 되어도 마음을 감동케 하는 선물이 아니라 전도지나 성경책 등을 선물하지요. 이것만이 영적인 사랑이라 생각하기 때문입니다. 이렇게 마음에 상처를 주고 화평을 깨면서도 깨닫지 못합니다. 나는 영적으로 부모를 섬겼다고 생각합니다. '이렇게 하는 것이 진리다.'라고 자신이 만들어 놓은 틀을 벗어나지 못하는 것입니다.

그러나 진리 안에서 이도 저도 가한 마음으로, 자신이 더

옳을 때에도 상대의 믿음과 형편에 맞춰 줄 수 있어야 합니다. 유대인에게는 유대인과 같이, 이방인에게는 이방인과 같이 상대의 입장이 되어 전도한 사도 바울처럼 선한 지혜를 받을 수 있어야 하지요.

자기 틀이 강한 사람은 자신이 진리라 생각하는 것만을 고집하므로 화평을 깨뜨리며 자기중심적이고 답답한 사람이라는 말을 듣기도 하지만 정작 본인은 '나는 화평을 깨려는 것이 아니고 진리를 좇았을 뿐이다.' 생각합니다. 이러한 육신의 틀 가운데 안주하고 있으므로 자기 발견이 불가능하며 믿음의 성장이 정체되는 것입니다.

자기 의와 자기 틀은 어찌 보면 비슷하지만 분명히 구별됩니다. 어떤 사람은 자기 틀이 강하기는 하지만, 자기만 그 틀 안에 머물러 있어서 다른 사람까지 힘들게 하지는 않습니다. 곧 틀은 강하여 잘 깨지지 않으나 자기 의를 강하게 내세우지는 않는 것이지요.

그런가 하면 자기 틀이 강해서 자신도 그 틀 안에서 행하려고 할 뿐 아니라 다른 사람도 그 틀대로 따라 주도록 강요하며 힘들게 하는 사람도 있습니다. 이는 틀과 의가 다 강한 경우입니다. 자기 의나 자기 틀은 결국 비지리로 만들어 놓은 것이므로 이를 통해 작용되는 육신의 생각을 깨뜨려 버릴 때라야 믿음의 4단계로 들어갈 수 있습니다.

여기서 특별히 경계해야 할 것은 진리로 포장된 자기 의와 진리를 잘못 적용하여 만들어낸 자기 틀입니다. 명백하게 비진리로 이뤄진 자기 의와 틀은 하나님 말씀을 들을 때 쉽게 발견되기 때문에 버릴 수 있지만 진리로 포장되어 있는 것은 발견하기 어렵기 때문입니다. 이런 것이 있으면 스스로는 진리로 행한다고 생각하기 때문에 오랜 시간 영으로 들어가지 못하고 신앙이 정체됩니다.

자기 의와 틀을 발견하여 버리려면

어떤 사람은 자기 의와 틀이 잘 깨달아지지 않는다며 안타까워합니다. 자신은 예배에 빠지지 않고 말씀을 사모하며 기도도 쉬지 않는데, 뭐가 잘못되었는지 발견할 수 없다고 말합니다.

이런 사람은 설교 말씀을 얼마나 간절한 심령으로 듣는지, 그 말씀을 자신과 무관한 말씀으로 생각하지는 않는지, 그리고 기도는 얼마나 불같이 하는지 돌아보아야 합니다. 중언부언하는 기도도 하나님 앞에 상달될 수 없지만, 천사의 말과 같이 달변으로 한다 해서 아름다운 향으로 올라가는 것도 아닙니다. 정녕 중심을 다해 힘쓰고 애써 부르짖어 하나님께 굵은 향으로 올려야 성령의 감동, 감화, 충만함을 받아 변화될 수 있는 것입니다.

또 한 가지 생각해 볼 것은 ‘내가 다른 사람의 권면을 들을 때 어떤 자세로 듣는가.’ 하는 점입니다. 자기 의와 틀이 강한 사람은 권면을 들어도 귀가 닫혀 있습니다. 자신이 옳다는 마음으로 높아져서 ‘나는 이유가 있어서 그런 것인데 상대는 내 입장을 이해하지 못한다.’고 생각합니다.

혹은 누가 권면할 때 ‘저 사람은 나보다 부족한데.’ 생각하면서 한 귀로 듣고 흘려버리고 심지어 윗사람이 권면할 때에도 ‘저분도 백 퍼센트 온전하지는 않으니까 꼭 저분의 말이 맞는 것은 아니지.’ 합니다. 이런 마음일 때에는 상대의 말뿐 아니라 하나님이 주시는 성령의 음성도 들을 수 없습니다.

믿음의 반석에 들어서서 믿음의 4단계에 가까워지면 쉽게 발견할 수 있는 죄악은 대부분 버린 상태입니다. 이럴 때 자신이 깨닫지 못한 의와 틀까지 발견하여 버리려면, 그만큼 더 간절하고 겸비한 마음으로 철저히 자신을 돌아볼 수 있어야 합니다. 부족함을 발견하기를 더욱 간절히 사모하며 소자의 말이라도 겸비하게 받을 수 있어야 하지요. 이렇게 자기 의와 틀을 깨뜨려 버리고 마음의 죄성까지 발견하여 버리면 마침내 믿음의 4단계로 진입하여 영의 사람이라 인정받을 수 있습니다.

5. 믿음의 3단계가 들어가는 2천층

믿음의 3단계에 있는 사람이 들어가는 천국의 처소는 2천층입니다. 다세대 주택 형태의 집이 주어지는 1천층과는 달리 2천층에는 독립된 주택이 주어집니다. 2천층의 집은 단층이지만 이 땅의 어떤 호화로운 저택이나 별장과도 비할 수 없을 만큼 웅장하고 아름다우며 향기로운 꽃과 나무들로 잘 단장되어 있습니다.

그리고 주인이 가장 원하는 부속시설이 한 가지씩 주어집니다. 아름다운 호수 혹은 정금과 보석으로 장식된 화려한 수영장을 가질 수 있지요. 기화요초가 가득하고 사랑스러운 동물이 노니는 아름다운 산책길을 가질 수도 있습니다.

2천층에서는 이런 것 중에 하나만을 가질 수 있기에, 필요에 따라 다른 집에 있는 것을 사용하게 됩니다. 이렇게 다른 사람의 집을 방문하고 시설을 사용한다 해도 서로 불편하게 여기는 것이 아닙니다. 이를 통해 섬길 수 있고 사랑을 나눌 수 있으니 기쁨으로 사용을 허락합니다.

2천층의 집에는 문패가 달려 있어 천국의 글씨로 주인의 이름뿐 아니라 이 땅에서 섬기던 교회의 이름이 함께 새겨져 있습니다. 하나님의 사랑받는 교회에서 신앙생활을 했다면 그만큼 영광과 자랑이 더할 수 있습니다. 그리고 2천층에 들어가는 사람들에게는 영광의 면류관이 주어집니다.

베드로전서 5장 2~4절에 "너희 중에 있는 하나님의 양 무리를 치되 부득이함으로 하지 말고 오직 하나님의 뜻을 좇아 자원함으로 하며 더러운 이를 위하여 하지 말고 오직 즐거운 뜻으로 하며 맡기운 자들에게 주장하는 자세를 하지 말고 오직 양 무리의 본이 되라 그리하면 목자장이 나타나실 때에 시들지 아니하는 영광의 면류관을 얻으리라" 말씀했습니다.

믿음의 3단계의 영혼들은 마음에 온전한 할례를 이루지는 못했지만 하나님 말씀대로 행하여 사명을 잘 감당하고 하나님께 영광 돌렸습니다. 그런 사람에게 주어지는 것이 바로 영광의 면류관입니다. 이처럼 너무나 아름다운 처소에 거하게 되고 자신이 행한 것과 비할 수 없는 상급을 주시므로 감사가 넘치지만 그래도 안타깝고 아쉬운 것이 있습니다. 하나님 말씀대로 살며 열심히 사명을 감당할 뿐 아니라 마음의 죄끼지 버려서 온전히 성결되었더라면 얼마나 좋았을까 하는 것입니다.

성결된 사람이 가는 3천층이나 새 예루살렘의 영광은 2천층과는 비할 수가 없습니다. 물론 천국에는 시기 질투가 없기 때문에 다른 사람의 영광을 부러워하거나 자신이 그것을 누리지 못함으로 인해 마음 아파하지는 않습니다. 다른 사람이 자신보다 더 큰 영광을 누린다 해도 함께 기뻐하며 자신에게 주어진 처소와 상급만으로도 감사와 행복이 넘칩니다. 하지만 안타깝고 민망한 것은 하나님께서 그토록 많은 사랑과 기회를 주셨는데도 온전히 죄를 버리지 못했다는 사실입니다.

그러므로 믿음이 있다면 2천층에 머물러서는 안 되며 새 예루살렘을 향해 쉬지 않고 침노해 들어가야 합니다. 하나님께서는 모든 사람이 구원을 받아 하나님의 참 자녀로 변화되어 새 예루살렘에 들어오기를 원하십니다. 에베소서 5장 16절에 "세월을 아끼라 때가 악하니라" 말씀하셨으니 주어진 시간을 귀하게 여기며 말씀과 기도로 믿음의 성장을 이루어 부지런히 천국을 침노하시기 바랍니다.

7장

믿음의 4단계

The Fourth Level of Faith

영의 사람으로 회복하려면 성결되어야

하나님을 지극히 사랑하는 믿음의 4단계

믿음의 성장에 중요한 요소들

믿음의 4단계 특징

영의 사람이 받는 축복

믿음의 4단계가 들어가는 3천층

Chapter 7

The Fourth Level of Faith

나의 계명을 가지고 지키는 자라야

나를 사랑하는 자니 나를 사랑하는 자는

내 아버지께 사랑을 받을 것이요

나도 그를 사랑하여 그에게 나를 나타내리라

요 14:21

농부가 씨를 뿌리고 경작하는 것은 튼실한 열매를 거둘 소망이 있기 때문입니다. 하나님께서도 그런 소망을 가지고 이 땅에 인간을 경작하며 알곡을 거두십니다. 하나님 보시기에 알곡은 마음을 다해 하나님을 사랑하는 참 자녀입니다.

참마음과 온전한 믿음을 가진 영의 사람을 얻고자 이 땅에 인간이라는 씨를 심고 경작을 하시는 것입니다. 믿음의 4단계에 이르는 분량을 소유하면 하나님께서는 영의 사람이라고 인정해 주십니다. 이때부터 진정한 하나님의 자녀라 할 수 있습니다.

1. 영의 사람으로 회복하려면 성결되어야

영이란 '썩지 않고 변하지 않는 것, 영원하며 참된 것'입니다. 요한복음 4장 24절에 '하나님은 영이시라' 말씀한 대로 창조주 하나님의 속성이기도 합니다. 육은 '영과 반대되는 것으로서 변질되는 것, 썩는 것이요 추하고 헛된 것'이지요.

아담이 범죄한 후에 태어난 사람들은 모두 육의 사람이므로 이들이 이뤄야 할 중요한 과제가 있습니다. 바로 영의 사람으로 회복되는 것인데 그러기 위해서는 성결을 이루어야 합니다. 마음의 죄와 악을 벗어 버릴 때 곧 썩고 변질되는 육의 속성을 벗어 버릴 때 영이신 하나님의 형상을 되찾을 수 있습니다. 이렇게 영의 사람으로 변화되면 첫 사람 아담이 가졌던 영의 속성을 회복할 뿐 아니라 그보다 더 아름다운 하나님의 참 자녀가 됩니다.

첫 사람 아담은 생령으로 지음 받았습니다(창 2:7). 생령 곧 살아있는 영이라는 말에는 죽을 수도 있다는 의미가 담겨 있습니다. 아담은 사망과 눈물, 슬픔, 고통 등을 체험하지 못했기 때문에 육이 얼마나 더럽고 추한 것인지 몰랐습니다. 그렇기 때문에 하나님께서 "영이 좋다, 육은 나쁜 것이다." 가르쳐 주셔도 명심하지 못했습니다.

그러나 이 땅에서 경작을 받아 육에서 영으로 변화된 사람은 육이 어떤 것인지 뼈저리게 체험해 보았기에 사망이 없고 슬픔과 고통이 없는 영이 얼마나 좋은 것인지 잘 압니다. 그러니 어떤 미혹이 온다 해도 다시는 죄악을 받아들이지 않는 하나님의 참 자녀가 되는 것입니다.

이렇게 인간 경작을 통해 세상의 모든 것이 헛된 줄을 깨닫고 열심히 영을 사모해서 믿음의 1단계에서 2, 3단계를 지나 믿음의 4단계가 될 때, 영의 사람으로 회복되는 것이며 하나님의 자녀 된 권세와 축복을 누릴 수 있습니다.

2. 하나님을 지극히 사랑하는 믿음의 4단계

믿음의 4단계는 하나님을 지극히 사랑하는 믿음입니다. 물론 믿음의 3단계에서도 계명을 지키기 때문에 하나님을 사랑한다고 말할 수 있습니다.

"너희가 나를 사랑하면 나의 계명을 지키리라"(요 14:15)

그러나 믿음의 3단계는 아직 마음의 죄성까지 다 버리지 않았기에 "주님 사랑해요."라고 고백하는 것이 조금은 민망합니다. 반면에 하나님을 지극히 사랑하여 온전히 계명을 지키며 죄성을 벗어 버리고 믿음의 4단계에 들어온 사람은 담대하게 사랑을 고백할 수 있습니다.

이런 사람에게는 하나님의 사랑받는 증거가 항상 나타납니다. 이 땅에서 강건하고 형통한 복을 누릴 뿐 아니라 천국에서도 참된 하나님의 자녀로서 많은 영광과 권세를 누리게 됩니다. 믿음의 4단계는 말씀대로 행할 수 있는 믿음의 3단계를 지나 마음의 죄성까지도 벗어 버림으로 온전히 진리 안에 거합니다.

그러면 믿음의 1, 2, 3단계와는 구체적으로 어떤 차이가 있을까요? "항상 기뻐하라 쉬지 말고 기도하라 범사에 감사하라"(살전 5:16~18) 하신 말씀을 통해 살펴보겠습니다.

만일 어떤 사람이 애매한 말로 모함한다면 여러분의 마음은 어떻겠습니까? 믿음의 1단계나 2단계 초입인 경우, 상대를 찾아가 시시비비를 따지려 할 수 있습니다. 상대를 만나면 감정이 난 상태에서 변론하며 언성이 높아지거나 다투기도 합니다. 하지만 2단계 중반만 되어도 악을 버리기 위해 노력해 왔기 때문에 크게 혈기 내거나 악을 발하는 것은 어느 정도 절제할 수 있습니다.

믿음의 3단계는 어떠할까요? 믿음의 반석에 서기 전이라면 이런 일을 당했을 때 감정이 요동하기도 합니다. 진리를 알기 때문에 '감사하자, 기뻐하자.' 하고 마음을 다스리며 참지만 마음 중심에서 감사가 나오는 것은 아니지요.

반면에 믿음의 4단계에 들어선 사람은 그런 일에도 전혀 요동이 없습니다. 하나님 앞에 범죄하지 않고 거리낌이 없기 때문에 그런 일로 감사와 기쁨이 사라지지는 않습니다. 예수님과 같이 원수라도 축복하고 상대가 범죄하지 않도록 긍휼히 여기며 기도해 줄 수 있는 마음이지요.

이처럼 똑같은 상황이라 해도 믿음의 분량에 따라 반응이 다르고 하나님 앞에 상달되는 마음의 향이 다릅니다.

다시 예를 들어 보겠습니다. 부모님이 위독하여 급한 수술을 해야 하는데 돈이 없는 상태라고 합시다. 이때 돈이 많이 들어 있는 가방을 주웠다면 믿음의 1단계나 2단계에서는 그 돈을 그냥 가질 수도 있습니다.

믿음의 2단계에서는 선한 것을 좇으려는 영의 마음과 자기 욕심을 좇으려는 육의 마음이 싸웁니다. 그러다가 "이 돈이 너무 필요하다." 하면서 육신의 소욕이 이기면 양심에 가책은 있지만 자신이 써버릴 수 있는 것입니다.

믿음의 3단계에서는 "이 돈만 있으면 문제를 해결할 수 있겠다." 하는 비진리의 생각이 잠시 틈탈 수는 있지만 결국 선한 양심을 좇아 주인을 찾아 줍니다.

그런데 믿음의 4단계는 차원이 다릅니다. 아무리 돈이 필요하다 해도 남의 것을 가지려는 마음 자체가 없으니 고민하지 않습니다. "돈을 잃은 주인이 얼마나 걱정할까." 염려되어 한시라도 빨리 주인을 찾아 주려는 마음뿐입니다. 이런 마음이 되면 하나님 앞에서나 사람 앞에 조금도 부끄러울 것이 없고 담대할 수 있습니다.

마음에 악이 있을 때 사람과의 문제나 어떤 환경에 따라 힘이 들고 곤고한 것인데, 악이 없으니 항상 성령이 충만하며 행복하고 평안합니다.

3. 믿음의 성장에 중요한 요소들

어떤 사람은 오랫동안 신앙생활을 해도 신앙의 발전이 너무나 더딥니다. 수년 혹은 수십 년이 지나도 여전히 믿음의 2단계에 머물거나 3단계 초입을 넘어서지 못합니다. 반면 어떤 사람은 주님을 영접하고 은혜를 받은 후 말씀을 듣는 대로 결단하여 행함으로 빠르게 영의 마음을 이뤄갑니다.

이런 차이가 나는 중요한 이유 중의 하나는 바로 각 사람의 타고난 마음과 중심, 그릇이 다르기 때문입니다. 사람마다 마음에 비진리가 얼마나 많고 적은지, 또 얼마나 좋고 큰 그릇인지, 중심이 곧고 아름다운지는 천차만별이지요. 이에 따라 하나님 말씀에 대한 사모함과 들은 말씀을 마음에 새기는 것, 그리고 새긴 말씀을 어떻게 행하는지가 달라집니다.

마음

원래 아담의 마음은 하나님께서 주신 생명의 씨와 그 씨를 감싸고 있는 진리의 지식들이었습니다. 그런데 범죄한 후로 마음에 있던 진리의 지식이 빠져나가고 대신 비진리의 지식, 곧 죄와 악이 채워졌습니다. 이렇게 마음에 담긴 죄악이 그 후손들에게도 전해지고 또 후손들은 살아가면서 새로운 죄악을 마음에 받아들이게 됩니다.

그러니 사람의 마음에는 조상에게 물려받은 기 속의 악과 성장하면서 보고 듣는 가운데 만들어진 모든 악이 다 포함되어 있습니다. 마음에 이런 악이 적은 사람은 그만큼 버릴 것이 적으니 성결도 빨리 이룰 수 있지요.

중심

중심이란 마음이 굳어진 것입니다. 중심에 따라 각 사람마다 얼마나 간절히 선을 추구하는지가 다릅니다. 마치 자석에도 철을 끌어당기는 힘이 강한 것과 약한 것이 있듯이 중심이 곧고 선한 사람은 근본적으로 선하고 온전한 것을 사모하기 때문에 진리를 들을 때 쉽게 '아멘' 하며 마음을 다해 순종하므로 신속하게 성결을 이루어갑니다.

기름진 옥토는 씨를 뿌렸을 때 쉽게 싹이 나고 잘 자라며 좋은 열매를 맺습니다. 반면에 척박한 토질에서는 싹이 잘 나지 않고 열매도 부실합니다. 물론 옥토라 해도 잘 개간되지 않아서 흙이 굳어 있고 잡초가 무성하다면 씨를 뿌린다 해도 당장 좋은 열매를 거두기는 힘이 듭니다. 그렇지만 농부가 개간하려고 마음만 먹으면 척박한 땅보다는 옥토가 잡초나 가시떨기를 뽑기 쉽지요.

마찬가지로 어떤 사람은 중심은 좋게 태어났는데 악하고 힘든 환경에서 자라므로 마음에 비진리가 많이 입력된 경우가 있습니다. 이는 잡초가 많은 밭과 같아서 연단받아 죄를 버리는 과정이 필요하지만 중심이 좋으니 성결되고자 마음만 먹으면 쉽게 결단하여 버려나갈 수 있습니다.

이런 사람은 사람 보기에 악하고 거친 것 같아도 하나님께서는 그가 장차 어떻게 변화될지 중심을 아시므로 연단을 통해 깨끗하게 하여 귀히 쓰십니다.

그릇

그릇이란 사람의 마음을 담고 있는 자체이며 본래의 자기 모습 그대로를 말합니다. 그릇의 재질이 금그릇인지 은그릇인지가 중심과 연관된다면, 그릇의 크기는 진리에 속한 것을 얼마나 많이 담을 수 있는지와 상관이 있습니다. 대체로 중심이 좋은 사람이 그릇도 크고 아름다우며, 그릇이 크고 좋은 사람은 중심도 곧고 아름다운 경우가 많습니다.

그릇이 크면 마음씀이 그만큼 넉넉하므로 한 가지 진리를 들었을 때 더 많은 분야에서 온전히 행할 수 있습니다. '하나를 들으면 열을 안다'는 말처럼 하나님 말씀을 들을 때 문자적으로만 제한하여 듣는 것이 아니라 그 안에 담긴 하나님 마음까지 이해하여 순종하고자 하기 때문입니다.

그릇이 크고 좋은 사람은 하나님 말씀을 들을 때 그 의미를 마음으로 받을 수 있습니다. 이런 사람은 말씀을 그대로 마음에 일궈서 믿음이 쑥쑥 성장합니다. 반면에 하나님 말씀을 마음으로 받지 않고 자신의 틀과 의에 맞는 말씀만 받아들이면 믿음의 성장이 더딜 수밖에 없습니다. 말씀을 많이 듣고 배웠다고 해도 오히려 이로 인해 마음이 높아지며 자기 의와 틀이 더 단단해지는 경우도 있습니다.

예를 들어, '남을 나보다 낮게 여기라, 낮아지고 섬기라.' 등의 말씀을 지식으로만 받는 사람은 여러 생각을 동원합니다. 자신이 더 잘난 것 같고 상대의 부족함이 보이지만 '이 정도까지만 해 주면 섬긴다 할 수 있을까? 그렇게까지 섬겨 줄 필요는 없지 않을까?' 하고 계산합니다.

이렇게 자기 입장에서 열심히 섬겼다 해도 마음이 근본적으로 낮아져서 섬긴 것이 아니기에 섬김 받는 편에서도 상대의 진심이 느껴지지 않으므로 오히려 불편할 수 있습니다.

그러나 하나님 말씀을 마음으로 받아 마음에서부터 스스로를 낮추려고 노력하는 사람은 어떻게 해야 섬기는 것인지를 생각하며 고민할 필요가 없습니다. 마음 자체가 낮아지면 말 한마디, 행동 하나하나가 저절로 겸비하게 나오고 상대의 입장을 존중하며 배려하는 자세가 되기 때문입니다.

그렇게 되면 굳이 '어떻게 섬겨 줄까.' 고민하거나 노력하지 않아도 상대방은 그를 대하는 것 자체만으로도 편안함과 쉼을 느낄 수 있습니다.

중심과 그릇에 대한 비유를 더 들어 보겠습니다.

부모가 자녀에게 "방이 더러우니 청소를 해라, 물건을 아무 데나 두지 말고 제자리에 놓아라." 하면 어떤 자녀는 자신이 더럽힌 것이 아니라며 순종하지 않습니다.

어떤 자녀는 눈에 띄게 흐트러진 물건만 잘 안 보이는 곳으로 적당히 밀어 넣습니다. 이런 경우는 순종하는 시늉은 하지만, 정작 부모의 뜻이 무엇인지 생각해 보지도 않는 것입니다.

만약 부모의 말씀에 진정 순종하기 원하는 중심이요, 그 말씀을 마음으로 받았다면 어떻게 할까요? 보이지 않는 곳까지 구석구석 깨끗하게 청소할 뿐 아니라 항상 방을 청결하게 유지하려고 노력하게 됩니다. 집 안뿐 아니라 자신의 습관 자체를 바꿔 정리 정돈하는 사람, 깨끗한 사람이 됩니다.

범사에 마찬가지입니다. 평소에 다른 사람의 말을 마음으로 받아 작은 일이라도 진실하고 충성스럽게 행하는 사람은 하나님 말씀을 들을 때도 마음으로 받고 쉽게 그 뜻을 받들어 순종할 수 있습니다. 그러지 않고 자기 입장에서만 생각하거나 당장의 책망을 피하는 데 급급한 사람은 말씀을 들을 때도 마찬가지가 되기 쉽지요.

비록 마음과 중심, 그릇이 타고나는 것이라 해도 우리가 얼마나 선을 이루기 위해 노력하는가, 또 범사에 마음을 어떻게 크게 쓰는가에 따라 마음 그릇과 중심이 변화될 수 있습니다.

마음에 선을 쌓아가고 부지런히 죄악을 벗어 버릴수록 좋은 중심과 큰 그릇으로 변화될 수 있지요. 그렇게 변화되는 만큼 성결되는 속도도 점점 더 빨라집니다.

4. 믿음의 4단계 특징

우리는 하나님 말씀을 간절히 사모하며, 말씀 안에 담긴 뜻을 온전히 깨닫고자 노력해야 합니다. 그럴 때 하나님께서 은혜와 능력을 주시고 성령이 도우셔서 신속히 변화될 수 있습니다.

이렇게 도우시는 성령의 능력으로 마음에 있는 죄성을 다 벗어 버리면 마침내 믿음의 4단계로서 영의 사람, 진리의 사람이 됩니다. 그러면 믿음의 4단계 특징은 무엇일까요?

하나님을 조건 없이 사랑하는 믿음

믿음의 4단계는 하나님을 조건 없이 사랑합니다. 하나님을 사랑하기 위해 애쓰는 것이 아니라 마음 중심에서 하나님을 너무나 사랑하는 것입니다. "하나님이 저에게 이렇게 해 주시면 제가 이렇게 하겠습니다."라고 조건을 달지 않습니다.

어떤 대가를 바라고 사랑하는 것이 아니라 무조건 사랑하는 것입니다. 하나님의 계명을 지키는 것도 응답이나 축복을 받기 위해서가 아닙니다. 계명을 어기면 재앙을 당할까 두려워서 지키는 것도 아니지요. 다만 우리를 먼저 사랑하신 하나님의 사랑을 가슴에 사무치도록 느끼기 때문에 하나님을 사랑하고 계명을 지키는 것이 너무나 당연하게 여겨지는 것입니다. 또한 그것이 기쁨이고 행복입니다.

다니엘은 하나님 앞에 기도하면 사자 굴에 던져지는 줄을 알면서도 감사 기도를 올렸습니다. 그는 "하나님 살려 주세요. 하나님의 뜻을 지키려고 하니 생명이 위태롭게 되었습니다." 하며 근심 속에 기도한 것이 아니라 평안함으로 감사 기도를 올렸습니다. 오직 하나님을 사랑하여 그분의 뜻을 행할 뿐이요, 그 결과를 하나님께 맡기므로 사나 죽으나 감사만 할 수 있었던 것입니다.

다니엘의 세 친구도 그러했습니다. 우상에 절하지 않으면 풀무 불에 던지겠다는 왕의 위협 앞에서 그들은 어떻게 고백했습니까?

"만일 그럴 것이면 왕이여 우리가 섬기는 우리 하나님이 우리를 극렬히 타는 풀무 가운데서 능히 건져내시겠고 왕의 손에서도 건져내시리이다 그리 아니하실지라도 왕이여 우리가 왕의 신들을 섬기지도 아니하고 왕의 세우신 금 신상에게 절하지도 아니할 줄을 아옵소서"(단 3:17~18)

불 가운데서도 건지시는 하나님의 능력을 굳게 신뢰할 뿐 아니라 그리 아니하실지라도 상관없이, 곧 사나 죽으나 하나님의 뜻을 행할 따름인 것입니다.

바울과 실라는 복음을 전하다가 많은 매를 맞고 차꼬에 채인 채 깊은 감옥에 갇혔으나 조금의 원망이나 근심도 하지 않았습니다. 오히려 성령의 감동 속에 기뻐하고 감사하며 하나님께 찬송을 올렸지요. 이것이 믿음의 4단계에 이른 모습이요, 하나님이 바라시는 참 자녀의 모습입니다. 그러니 하나님

의 역사로 큰 지진이 일어나 옥문이 열리고 차꼬가 벗어진 것
을 볼 수 있습니다.

하나님을 제일로 사랑하는 믿음

하나님을 제일로 사랑할 때는 세상 부귀영화도 아깝지 않
고 가족이나 자신의 생명보다도 하나님을 더 사랑합니다.

사도 바울은 '무엇이든지 자신에게 유익하던 것을 그리스도
를 위하여 다 해로 여기며 주를 위해 모든 것을 잃어버리고 배
설물로 여긴다'(빌 3:7~8) 고백하였습니다. 세상에서 귀하게
여기는 모든 것을 주를 위해서라면 배설물처럼 다 버릴 수 있
다는 것입니다.

예수님께서는 "나와 및 복음을 위하여 집이나 형제나 자매
나 어미나 아비나 자식이나 전토를 버린 자는 금세에 있어 집
과 형제와 자매와 모친과 자식과 전토를 백 배나 받되 핍박
을 겸하여 받고 내세에 영생을 받지 못할 자가 없느니라"(막
10:29~30) 하셨지요.

주님의 말씀대로 행하면 처음에는 핍박이 올 수도 있고 믿
음이 적을 때는 그로 인해 힘들어할 수도 있습니다. 그러나 끝
까지 믿음이 변치 않고 거룩하게 구별된 성도의 삶을 살아갈
때, 세상 사람에게도 인정받게 됩니다.

더구나 영으로 들어가서 하나님을 제일로 사랑하는 믿음이 되면 사단이 역사하지 못하므로 핍박이 물러갈 뿐 아니라 주변으로부터도 진실한 그리스도인이라고 인정받게 됩니다.

우리가 믿음으로 행하고 타협하지 않을 때는 하나님께서 역사해 주시므로 영광을 돌릴 수 있습니다. 그러나 육의 가족보다 하나님이 더 소중하다 해서 가족에게 무정하게 대하고 마땅한 도리를 하지 말라는 것은 아닙니다.

믿지 않는 사람보다 더 잘 섬기며 가족의 일원으로서 온 집에 충성할 수 있어야 하지요. 가족이 그러한 모습을 통해 감동받아 구원에 이르도록 잘 섬기는 것이 하나님의 뜻입니다.

그러나 창조주이며 우리 영혼을 낳아 주시고 지옥의 형벌에서 구원해 주신 하나님을 믿는다면 누구보다도 하나님을 더 사랑하는 것이 당연합니다.

이렇게 하나님을 제일로 사랑한다면 선과 사랑으로 모든 사람을 섬기며 범사에 상대의 유익을 먼저 구하게 됩니다. 그러니 주위 사람에게도 영적인 사랑을 줄 수 있습니다.

영혼이 잘됨같이 범사에 잘되고 강건한 믿음

요한삼서 1장 2절에 "사랑하는 자여 네 영혼이 잘됨같이 네가 범사에 잘되고 강건하기를 내가 간구하노라" 했습니다.

범사에 잘되고 강건하다는 것은 건강을 포함하여 가정, 일
터, 사업터와 범사에 잘되고 형통한 것을 의미합니다. 영혼이
잘된 사람은 하나님께서 항상 모든 일을 앞서 해결해 주시니
만사에 형통합니다. 건강, 물질, 명예, 지혜, 명철 등 모든 것
을 구하는 대로 공급해 주시며 하나님께서 범사에 간섭하여
형통한 길로 인도하시지요.

그러면 영혼이 잘된다는 것은 어떤 것일까요? 간단히 말하
면 죽었던 영이 살아나서 영과 혼과 육의 질서가 바로 잡히는
것입니다. 주님을 영접하고 성령을 받으면 죽었던 영이 살아나
는데, 살아난 영이 성장하여 혼과 육을 지배하고 다스리는 주
인 역할을 하는 상태를 말합니다.

원래 하나님께서 첫 사람 아담을 지으실 때는 생령으로 지
으셨습니다. 생령인 아담은 하나님과 교통할 수 있는 영, 영의
지배를 받는 혼, 그리고 영혼을 담는 장막인 육으로 구성돼
있었습니다.

그런데 아담이 하나님의 명을 거역하고 선악과를 먹음으로
범죄하자 '죄의 삯은 사망'이라는 영계의 법칙대로 영이 죽고
말았습니다. 여기서 '영이 죽었다'는 것은 소멸되었다는 것이
아니라 영의 활동이 중지되었다는 의미입니다.

이렇게 영이 죽어 활동이 정지되자 혼이 영을 대신하며 주인 노릇을 시작했습니다. '혼'이란 '두뇌의 기억 장치와 그 안에 담긴 모든 지식, 그리고 그것을 떠올리고 활용하는 모든 작용들'을 통틀어 일컫는 말입니다. 사람이 살아가면서 체험한 것을 기억해 두고 떠올려 생각하고 활용하는 것 등이 다 혼의 작용입니다.

영이 살아서 주인 역할을 할 때는 영으로 하나님과 교통하며 하나님으로부터 진리의 지식을 받아들였습니다. 그래서 혼의 작용도 진리로만 했고 몸도 영이 원하는 대로 진리 안에서만 말하고 행동했지요. 그런데 영이 죽고 하나님과 교통이 끊어지니 원수 마귀 사단이 혼을 통해 사람을 주관하기 시작했습니다.

하나님께서 사람의 마음에 심어 주신 진리의 지식들이 하나하나 빠져 나가고 대신 원수 마귀 사단이 심어 주는 비진리의 지식과 죄악이 심어진 것입니다. 시간이 지날수록 점점 더 사람의 마음은 비진리로 물들어갔고 온갖 죄악 가운데 살아가게 되었습니다.

사람의 영혼이 잘된다는 것은 이렇게 죽었던 영이 살아나고 첫 사람 아담이 처음 지음 받은 당시와 같이 영이 혼과 육의 주인 노릇을 하는 것입니다. 죽었던 영이 다시 살아나려면 예수 그리스도를 영접하여 성령을 받아야 한다 했습니다.

성령은 우리 마음에 오셔서 죽어 있던 영을 살리고 마음 안에 진리의 지식을 다시 채울 수 있도록 도와주십니다. 말씀을 들을 때 깨닫고 믿어지게 하며 죄와 의와 심판에 대해 알려 주십니다. 그래서 매 순간 진리로 생각하고 말하며 진리로 행할 수 있도록 능력을 주시지요.

이렇게 도우시는 성령의 역사에 순종하면 성령으로 영을 낳아갈 수 있습니다. 교만, 미움, 혈기, 시기, 간음, 욕심 등 원수 마귀 사단이 마음에 심어 준 비진리가 하나하나 벗어지고 대신 진리로 채워집니다. 온전히 진리로 채워진 마음이 되면, 하나님께서 처음 지으신 사람의 형상을 되찾게 되는데 바로 이 상태를 영혼이 잘됐다 하는 것입니다.

마음의 비진리를 다 버리고 영혼이 잘된 사람은 믿음의 분량으로 볼 때 4단계에 이른 것입니다. 즉, 육에 속한 사람이 아니며 혼의 주관을 받지 않습니다.

사람의 마음에 악 자체가 없으면 사단이 그 혼을 통해 비진리의 생각을 하게 만들 수가 없습니다. 이는 마치 라디오 주파수를 선택하는 것과 같습니다. 라디오 방송은 주파수를 어디에 맞추느냐에 따라 결정되듯이 영이 주인 된 사람의 마음은 그 주파수가 성령에 맞춰져 있고 혼이 주인 된 사람의 마음은 그 주파수가 사단에게 맞춰져 있습니다.

진리로 마음이 채워지고 영이 주인 된 사람은 성령의 주관, 곧 진리만을 받아들이며 혼과 육은 주인인 영에게 순종하므로 진리의 생각, 진리의 행함만 나옵니다. 반면에 혼이 주인 된 사람은 범사에 사단이 좋아하는 대로 생각하고 악을 행합니다.

예를 들어, A라는 사람이 평소 불편한 마음을 가졌던 상대가 또다시 싫은 행동을 하는 모습을 보았습니다. 그러면 사단이 혼을 통해 '또 싫은 행동을 하네, 얄밉다.' 하는 비진리의 생각을 불어넣습니다. 이때, 마음에 혈기나 짜증 같은 악이 있으면, 이런 비진리의 생각을 마음에 받아들여서 혈기를 내거나 상대를 때리는 행동까지 나옵니다.

그러나 영혼이 잘된 사람에게는 사단이 아무리 비진리의 생각을 불어넣어 주려고 해도 마음 안에 그 생각을 받아들일 수 있는 악이 없습니다. 미움, 혈기 대신 사랑과 용서와 긍휼만 있으니, 상대가 무례하게 행동해도 그의 입장을 이해하며 사랑하고 품어 줍니다. 그러니 주파수가 맞지 않으면 방송을 들을 수 없는 것처럼 사단이 그의 마음을 주관할 수가 없지요. 이런 사람의 마음에는 팔복, 사랑장의 사랑이 임하고, 성령의 아홉 가지 열매도 온전히 맺혀 나갑니다.

5. 영의 사람이 받는 축복

우리가 어떤 믿음의 분량을 가졌느냐에 따라 천국에서 받는 처소와 영광이 다르지만 이 땅에서 누리는 영육 간의 축복도 크게 다릅니다.

믿음의 4단계에 이른 사람은 마음의 죄까지 벗어 버리고 성결된 상태입니다. 이러한 영의 사람이 되어야 거룩하신 하나님의 참 자녀라고 할 수 있으며 빛의 자녀로서 영적인 권세를 본격적으로 누릴 수 있습니다.

요한일서 5장 18절에 보면 "하나님께로서 난 자마다 범죄치 아니하는 줄을 우리가 아노라 하나님께로서 나신 자가 저를 지키시매 악한 자가 저를 만지지도 못하느니라" 했습니다.

악한 자, 곧 원수 마귀 사단은 죄 가운데 사는 육의 사람을 송사하여 시험 환난을 가져다줍니다. 그러나 마음의 죄까지 버린 영의 사람은 범죄하지 않으니 하나님께 온전히 지킴 받고 어떤 재앙도 당하지 않습니다.

물론 믿음의 5단계, 곧 영의 모습이 모든 분야에 이루어진 온 영으로 이끌기 위해 하나님께서 허락하시는 연단은 있습니다. 하지만 이는 원수 마귀 사단이 주는 시험 환난과는 달리 연단 중에도 범사에 형통함을 받으며 하나님께서 함께하시는 것을 느낄 수 있습니다.

요셉의 경우가 그러했습니다. 애굽에 종으로 팔려가기도 하고 누명을 쓴 채 감옥에 갇히는 연단이 있었지만, 하나님께서 함께하시니 범사에 형통했던 것을 볼 수 있습니다(창 39:23). 연단이 끝난 후에는 가장 존귀한 자리로 높여 주셨습니다.

요한일서 3장 21~22절에 "사랑하는 자들아 만일 우리 마음이 우리를 책망할 것이 없으면 하나님 앞에서 담대함을 얻고 무엇이든지 구하는 바를 그에게 받나니 이는 우리가 그의 계명들을 지키고 그 앞에서 기뻐하시는 것을 행함이라"고 말씀하고 있습니다.

영의 사람은 범죄하지 않으므로 영적인 권세가 있을 뿐 아니라 육적인 분야에서도 하나님 앞에 담대하여 무엇이든지 구하는 대로 응답받습니다. 그러면 이제부터 영의 사람이 받는 축복에 대해 구체적으로 살펴보겠습니다.

건강의 축복

영의 사람은 질병이나 연약함으로 고통받지 않습니다. 항상 성령의 불담으로 지킴 받으니 질병이 틈타지 못할 뿐 아니라 혹여 틈탔다 해도 기도하면 즉시 성령의 불로 태움 받습니다.

우리가 영으로 들어가기 전에도 믿음으로 영의 공간 안에 거할 때에는 많은 치료 역사를 체험할 수 있습니다. 혹 사람의 실수로 교통사고를 당해 자동차가 폐차될 지경이라 해도 온전한 주일 성수와 십일조 생활을 하는 성도들은 지킴 받는 것을 볼 수 있습니다. 이처럼 아직 영으로 들어가지 못한 상태에서도 지킴 받는 체험을 하는데, 영으로 들어간 사람이라면 더 말할 것이 없지요.

질병이나 사고와 상관없는 삶을 살고 온 영으로 들어가면 회춘하여 강건한 체력으로 회복됩니다.

또한 영의 사람이 타인을 위해 기도하면 치료 역사가 나타납니다. 물론 온전한 권능을 받으려면 온 영으로 들어가야 하지만 "너희 죄를 서로 고하며 병 낫기를 위하여 서로 기도하라 의인의 간구는 역사하는 힘이 많으니라"(약 5:16) 하셨으니 다른 사람을 위해 기도해 줄 때 치료의 역사가 나타납니다.

물질의 축복

저는 주님을 영접하기 전 오랜 질병으로 많은 부채가 있었습니다. 그런데 신앙생활을 시작하여 연단을 마치고 영으로 들어간 시점부터 하나님은 물질의 축복을 넘치도록 주셔서 수개월 만에 부채를 모두 갚았습니다.

하나님께서는 반드시 심은 대로 축복을 주십니다(갈 6:7). 영으로 들어가기 전에도 믿음으로 심고 구할 때는 두 배 이상의 축복을 주십니다. 그런데 믿음의 4단계, 영으로 들어가면 두 배 이상만 거두는 것이 아닙니다.

"좋은 땅에 뿌리웠다는 것은 말씀을 듣고 깨닫는 자니 결실하여 혹 백 배, 혹 육십 배, 혹 삼십 배가 되느니라 하시더라"(마 13:23)

이는 영적인 축복만 아니라 물질의 축복도 해당되는 말씀입니다. 영으로 들어간 사람은 하나를 심어도 30배, 60배 이상 거두며, 나아가 믿음의 5단계, 온 영으로 들어가면 60배, 100배도 거둡니다.

겉으로 보면 축복받을 만한 길이 없고 별다른 기술이나 재능이 없는 사람이라도 영으로 들어가면 하나님이 예비하신 축복을 받을 수 있습니다. 신명기 28장에 나오는 약속의 말씀이 영으로 들어간 사람에게 임하는 축복입니다.

"네가 네 하나님 여호와의 말씀을 순종하면 이 모든 복이 네게 임하며 네게 미치리니 성읍에서도 복을 받고 들에서도 복을 받을 것이며 … 네 광주리와 떡반죽 그릇이 복을 받을 것이며 네가 들어와도 복을 받고 나가도 복을 받을 것이니라"(신 28:2~6)

영의 사람이 받는 축복은 그와 함께하는 사람에게까지 임합니다. 아브라함과 함께한 롯이 축복을 받아 그 소유가 심히 풍부해진 것과 같습니다. 창세기 12장 3절에 하나님께서 아브라함에게 "너를 축복하는 자에게는 내가 복을 내리고 너를 저주하는 자에게는 내가 저주하리니 땅의 모든 족속이 너를 인하여 복을 얻을 것이니라" 약속하셨습니다.

물론 축복권과 저주권이 온전히 임하려면 온 영으로 들어가야 하지만 믿음의 4단계, 즉 영의 사람만 되어도 함께하는 사람들에게 복이 임합니다. 하지만 아무리 영의 사람과 함께한다 해도 정작 자신이 하나님 앞에 합당하지 않다면 공의에 의해 축복이 임하지 않습니다.

성령의 주관을 받으니 범사에 형통

믿음의 3단계에서 반석에 서면 말씀대로 행하는 단계이므로 성령의 주관을 받아서 대부분 형통합니다. 그러나 마음 자체가 진리로 채워져 전폭적으로 하나님께 맡기고 의지하는 단계는 아직 아닙니다. 이때는 성령의 주관을 받기는 하지만 육신의 생각이 남아 있어 100퍼센트 주관을 받는다고 할 수 없고 때때로 혼동하는 경우도 있습니다.

예를 들어, 성령의 주관을 받아 어떤 일을 시작했다가도 난관에 부딪히면 "내가 정말 성령의 주관을 받은 것인가? 내 생각에서 나온 것은 아닌가?" 이런 의문이 드는 경우도 있습니다. 반면에 믿음의 4단계는 마음 자체가 진리로 변화돼 말씀이 완전히 생활화되어 있습니다. 노력해서 진리로 행하는 차원이 아니라 마음 자체가 진리로 변화되었기에 행함도 저절로 진리로 나오는 단계이지요.

이때는 성령의 주관도 정확히 받으며 온전히 순종합니다. 또한 어떤 일을 이루기 위해 한번 믿고 기도하면 그 기도가 응답될 때까지 요동하지 않는 믿음으로 인내합니다. 이런 사람은 하나님이 밝히 그 길을 주관해 가실 뿐 아니라 지혜나 명철이 부족할 때는 지혜와 명철을 주십니다.

영의 사람이 온전히 하나님께 맡기고 행할 때는 혹 순간적인 실수로 하나님 뜻과 다른 길로 간다 해도 지켜 주십니다.

앞에 악인이 파놓은 함정이 있다 해도 하나님께서 친히 간섭하여 돌아가게 하거나 합력하여 선을 이루게 하십니다. 그러니 항상 승리하여 영광 돌리며 '여호와께서 너로 머리가 되고 꼬리가 되지 않게 하시며 위에만 있고 아래에 있지 않게 하신다'(신 28:13) 하신 약속대로 어디 가든지 인정받는 위치에 오를 수 있는 것입니다.

다니엘과 세 친구는 다른 나라에 포로로 잡혀간 상황에서도 온전히 하나님의 계명을 지켰습니다. 그러자 하나님께서는 큰 지혜와 총명을 주셔서 왕에게 인정받으며 나라에서도 머리가 되도록 하셨습니다. 사자 굴이나 풀무 불에 던져졌을 때에도 머리카락 하나 상하지 않도록 지켜 주셨지요.

전도와 가정복음화의 축복

사도행전 16장 31절에 "주 예수를 믿으라 그리하면 너와 네 집이 구원을 얻으리라" 하셨듯이 한 사람이 그리스도인답게 주를 믿으면 그로 인해 그 가정까지 구원을 받습니다. 사도행전 10장을 보면 고넬료가 일가와 친구들까지 모아 놓고 베드로를 청하였습니다. 이때 그곳에 모인 모든 사람이 복음을 듣고 성령을 받았습니다. 이렇게 고넬료의 한마디에 그 일가와 친구들까지 다 모여 구원받은 것을 보면 고넬료가 평소 어떠한 삶을 살았는지 짐작할 수 있습니다.

우리가 고넬료와 같이 경건한 삶을 살면 주변 사람에게 신뢰를 받고 말에도 힘이 실어집니다. 그러니 가족 구원을 위해 기도하는 분들은 자신이 얼마나 섬김과 희생의 본을 보였는지를 돌아보시기 바랍니다.

아직은 영으로 온전히 들어오지 못했다 해도 영으로 들어오고 있는 만큼, 그래서 주변에 은혜와 덕을 끼치는 만큼 가족이 믿음 안으로 들어오게 됩니다. 만일 영으로 온전히 들어온다면 그때는 그만큼 영적인 권세가 따르므로 가족뿐 아니라 다른 사람을 전도할 때 원수 마귀 사단이 훼방할 수 없고 상대도 더 쉽게 마음 문을 열 수가 있습니다.

영으로 들어간다는 것은 하나님의 일을 하는 데 큰 능력을 나타내어 영광 돌리는 것만을 의미하지 않습니다. 범사에 섬기고 낮아지며 상대의 유익을 구하는 마음씀씀이, 일상생활에서 사소한 말 한마디와 행동이 아름답고 선하게 나타납니다. 이것이 영으로 들어간 사람의 증거이며, 빛과 소금이 되어 하나님께 영광 돌리는 것이지요.

그럴 때에 주변 사람을 감동시킬 뿐 아니라 하나님께서도 감동을 받으심으로 범사에 응답과 축복으로 함께하십니다.

영원한 천국에서 누리는 영광

이처럼 영으로 들어간 사람이 받는 축복은 다 설명할 수가 없습니다. 그러나 이 땅에서 누리는 것보다 더 큰 축복은 영원한 천국에서 누리게 될 영광입니다. 천국에서 믿음의 3단계가 들어가는 2천층과 믿음의 4단계가 가는 3천층의 삶은 가히 '천지 차이'라 할 만큼 그 영광과 행복의 차원이 전혀 다릅니다. 무엇보다도 믿음의 1단계부터 3단계까지는 천국에서 주님의 얼굴을 직접 뵐 수가 없습니다. "모든 사람으로 더불어 화평함과 거룩함을 좇으라 이것이 없이는 아무도 주를 보지 못하리라"(히 12:14) 말씀하신 대로입니다.

모든 사람과 더불어 화평함과 거룩함을 좇으려면 성결되어 믿음의 4단계에는 이르러야 합니다. 마음의 죄를 다 버리지 못하고 영으로 들어가지 못하면 구원받아 천국에 들어간다 해도 하나님과 주님의 얼굴을 뵐 수 없습니다. 하나님과 주님의 영광의 광채로 인해 감히 눈을 들어 볼 수 없는 것입니다.

그래서 새 예루살렘에 사는 사람들 외에는 설령 새 예루살렘에 초청을 받았다 해도 그냥 들어갈 수 없습니다. 천국에서는 처소마다 영체의 빛이 다르기 때문입니다. 3천층 이하의 성도들이 새 예루살렘에 들어가려면 그 빛의 차이를 극복할 수 있도록 예비된 옷을 빌려 입어야 합니다. 부끄러운 구원을 받은 사람은 옷을 갈아입었다 해도 민망하여 감히 영광스러운 주님의 얼굴을 마주 보려고 하지는 못합니다. 마치 옛날 황제 앞에서 백성이 감히 고개를 들지 못했던 것과 같습니다.

그러나 3천층 사람들은 온 집에 충성하는 것은 조금 부족했다 해도 마음의 성결을 이루었기 때문에 주님의 얼굴을 뵐 수가 있습니다. 이를 통해 성결된 사람과 그렇지 못한 사람의 영광이 얼마나 다른지 알 수 있지요.

6. 믿음의 4단계가 들어가는 3천층

모든 천국의 처소는 이 땅과는 비교할 수 없이 행복한 곳입니다. 어둠은 조금도 없고 사랑과 기쁨만 있는 곳입니다. 천국 곳곳에는 천사들이 있고 감미로운 찬양이 흐르며 황홀할 정도로 아름다운 환경 속에서 사랑하는 사람들과 영원히 살아갑니다. 이러한 천국의 영광도 믿음의 단계에 따라 큰 차이가 있습니다.

낙원이나 1, 2천층에는 많은 천사가 있어서 천국을 관리하고 때를 좇아 하나님의 자녀들을 돕는 일을 합니다. 그러나 개인적으로 수종드는 천사는 없습니다. 3천층 이상의 천국에 들어가야 각 사람에게 개인적으로 수종드는 천사가 있으며,

그중에서도 얼마나 더 성결되고 하나님을 기쁘시게 했는지에 따라 천사의 숫자가 달라집니다.

2천층과 영의 사람이 들어가는 3천층은 천사의 섬김이 다릅니다. 3천층에서는 천사가 주인의 마음을 읽고 순종합니다. 예를 들어 주인이 과일을 먹고 싶어 하면 그 마음을 읽고 과일을 따다 줍니다. 하지만 2천층의 천사는 과일을 먹고 싶으니 가져오라고 명해야 움직입니다.

또 3천층 이상에 들어가는 사람에게는 구름 자가용이 주어지는데, 새 예루살렘에 들어간 사람은 개인 소유의 구름 자가용을, 3천층에 들어간 사람은 공동 소유의 구름 자가용을 탈 수 있습니다. 천국의 구름은 이 세상의 구름과 다릅니다. 천국의 영광과 아름다움을 더하기 위해 만들어진 하나의 장식품과 같지요.

2천층 이하의 사람과 3천층 이상에 들어간 사람은 겉모습만 보아도 큰 차이가 납니다. 각 사람의 영광의 빛이 다르고 옷과 옷의 문양, 달려있는 장식, 머리 모양 등이 달라서 그가 얼마나 주님을 닮아 성결된 사람인지, 얼마나 하나님의 사랑 받는 사람인지를 금방 구별할 수 있습니다.

그러면 3천층의 집은 어떻게 지어졌을까요?

2천층의 건물은 모두 단층이지만 3천층부터는 복층 건물입니다. 집은 정금과 보석으로 장식돼 있고 아름답고 향기로운 꽃과 나무로 화려하게 단장된 정원과 호수가 있습니다. 호수 안에는 많은 물고기가 있는데, 고기들과 사랑스럽게 대화를 나눌 수도 있습니다. 2천층에서는 호수나 골프장, 수영장 등 한 가지 부속시설을 가질 수 있다 했는데 3천층은 원하는 것을 모두 소유할 수 있습니다.

이런 시설들을 포함하는 3천층 저택은 이 세상의 억만장자라도 흉내 낼 수 없을 정도로 황홀하게 꾸며져 있습니다. 2천층과 다른 점은 집에 문패가 없다는 것인데 집 자체에서 주인의 마음을 느낄 수 있는 독특한 영적인 향이 흘러나와 주인이 누구인지 알 수 있기 때문입니다. 각 사람의 영적인 향이 다른 것처럼 그 집에서 흘러나오는 향과 빛도 다릅니다. 주인이 성결되어 하나님을 닮을수록 더 아름다운 빛과 향이 나오지요.

3천층에서는 어떤 면류관을 받게 될까요? 야고보서 1장 12절에 "시험을 참는 자는 복이 있도다 이것에 옳다 인정하심을 받은 후에 주께서 자기를 사랑하는 자들에게 약속하신 생명의 면류관을 얻을 것임이니라" 하신 말씀대로 생명의 면류관을 받습니다.

요한계시록 2장 10절에 "네가 죽도록 충성하라 그리하면 내가 생명의 면류관을 네게 주리라" 하셨는데 여기서 죽도록 충성한다는 것은 영적인 충성을 말합니다. 따라서 순교의 믿음을 가지고 하나님 나라를 위해 사명을 감당할 뿐 아니라 세상 비진리와 타협하지 않고 죄를 피 흘리기까지 싸워 버린 사람, 온전히 성결된 사람이 되어야 죽도록 충성했다고 할 수 있는 것입니다.

이렇게 성결을 이루고 생명 다해 충성한 사람이 3천층에 들어가며, 그에 대한 상급으로 생명의 면류관을 받습니다. 비록 성결을 온전히 이루지는 못했다 해도 주님의 이름으로 순교한 사람도 3천층에 들어가며, 생명의 면류관을 받습니다. 물론 참된 믿음과 사랑으로 생명을 드린 경우여야 합니다.

그러므로 하나님의 자녀라면 세상 부귀영화를 사모할 것이 아니라 오직 성결을 사모하여 죄를 버려 나가야 합니다. 반드시 영으로, 온 영으로 들어가리라는 사모함과 소망으로 결코 세상을 바라보지 않고 매 순간 더 좋은 천국을 침노해 들어가야 하겠습니다.

8장

믿음의 5단계에 이르는 과정

How to Reach the Fifth Level of Faith

선의 단계

육의 흔적까지 버리고

영의 내용물을 온전히 채워야

믿음의 5단계로 들어가기 위해 받는 연단

Chapter 8

How to Reach the Fifth Level of Faith

이로써 그 보배롭고 지극히 큰 약속을 우리에게 주사…

신의 성품에 참예하는 자가 되게 하려 하셨으니 이러므로 너희가

더욱 힘써 너희 믿음에 덕을, 덕에 지식을, 지식에 절제를, 절제에 인내를,

인내에 경건을, 경건에 형제 우애를, 형제 우애에 사랑을 공급하라

벧후 1:4~7

믿음의 4단계는 영혼이 잘되어서 범사에 축복을 받는 믿음입니다. 이는 깨끗한 그릇이 준비되었다는 말과 같습니다. 하지만 아직 그 안에 들어가야 할 영적인 내용물이 다 채워진 것은 아닙니다.

예를 들어, 믿음의 4단계에 들어간 사람 마음에는 '미움'이라는 죄성이 없으니 '사랑'만 남습니다. 그런데 얼마나 크고 깊은 사랑을 이루었는지는 각 사람마다 다릅니다. 미움이 없는 깨끗한 그릇 안에 사랑을 풍성하게 담을수록 더 온전한 영으로 변화됩니다.

여기에서는 믿음의 분량을 선의 단계와 연관하여 살펴보면서 믿음의 5단계로 들어가기 위해 온전히 채워야 할 것은 무엇인지 알아보겠습니다.

1. 선의 단계

선은 크게 네 단계로 구분할 수 있는데 선의 1단계는 상대가 악으로 나왔을 때 불편하지만 참고 악으로 갚지 않는 마음입니다. 세상에서는 이렇게 선의 1단계만 되어도 "법 없이도 살 수 있는 사람이다."라는 칭찬을 받습니다. 믿음의 분량으로 볼 때는 하나님 말씀대로 행할 수 있는 믿음의 3단계가 바로 선의 1단계에 해당합니다. 그런데 선의 1단계는 하나님께서 참된 선이라고 인정하지 않으십니다. 겉으로 악을 행하는 것은 아니지만 마음속에 악이 남아 있기 때문입니다.

하나님께서 참된 선으로 인정하시는 것은 2단계부터인데 선의 2단계는 상대가 나에게 악으로 대한다 해도 아무 감정을 품지 않습니다. 마음에 요동함이 없이 상대를 용서할 수 있지요. 이런 선을 이루었다면 마음에 악이 없는 것이니 깨끗한 영의 마음을 이룬 것이며 믿음의 4단계에 해당됩니다.

그러면 선의 3단계는 어떤 차원일까요? 나에게 악을 행한 상대를 아무 감정 없이 용서할 뿐 아니라 오히려 선한 말과 행함으로 상대의 마음을 녹이며 감동을 줄 수 있는 마음입니다. 믿음의 4단계에서 깊이 들어간 사람 혹은 믿음의 5단계 초입에 들어간 사람에게 이러한 행함이 나타납니다.

선의 4단계는 악으로 대하는 상대를 위해 생명까지 줄 수 있는 헌신과 희생의 사랑이 나타나는 차원입니다. 믿음의 5단계에 해당하며 하나님을 기쁘시게 하는 사람들의 모습이지요. 아브라함, 모세, 엘리야 등의 선지자와 신약 시대의 바울,

베드로, 요한, 스데반, 빌립 등을 예로 들 수 있습니다.

예수님께서는 선한 사람을 위해서만이 아니라 악인들까지 구원하기 위하여 십자가에 달려 주셨습니다. 십자가에 달려 죽으면서도 자신을 못 박는 이들을 위해 용서를 구하는 중보기도를 하셨습니다. 이러한 사랑을 베풀 수 있을 때 최고의 선을 이루었다 할 수 있습니다.

2. 육의 흔적까지 버리고

믿음의 4단계에서는 죄성을 다 버렸다고는 하지만 아직 '육의 흔적'이 남아 있습니다. 사람은 원죄를 가진 죄인으로 태어났고 죄악으로 변질된 세상에서 살아왔기 때문에, 그로 인해 육의 사람으로서 살아온 흔적이 남아 있는 것입니다. 이것까지 벗어 버리고 진리의 열매들을 온전히 맺어야 온 영으로 들어가며 신의 성품에 참여할 수 있습니다.

'육의 흔적'은 사람이 영으로 변화되기 이전에 갖고 있던 근본 성품이나 기질과 많은 관련이 있습니다. 예를 들어, 어떤 사람은 맺고 끊는 것이 화실하고 진실하며 의로운 성품이지만, 사랑과 덕이 부족한 면이 있습니다. 어떤 사람은 베풀기 좋아하고 사랑은 풍성한 것 같은데 즉흥적이라 상대에게 쉽게 상처를 줍니다. 어떤 사람은 성실하여 주변에서 인정과 사랑을 받지만 자신도 모르게 깊은 본성 속에 교만이 자리잡고 있는 경우가 있습니다. 이런 사람이 죄를 다 벗어 버리고 성결되면 이제 그런 모습은 없지만 그 흔적이 남아 있습니다.

이러한 육의 흔적 때문에 주님의 형상을 온전히 이루기 위해 계속 연단을 받아 가게 됩니다. 하나님은 사랑이시기에 연단을 허락하여 이런 것마저 다 버리고 온 영으로 들어갈 수 있도록 인도하십니다.

여기서 '죄를 다 버렸는데 어떻게 육의 흔적이 남아 있을 수 있는가?' 의문이 생길 수 있습니다. 이해하기 쉽게 빨래를 예로 들어 보겠습니다.

흰옷에 묵은 때나 찌든 때가 배어 있다면 아무리 세탁을 잘 해도 원래의 옷감 색깔로 돌아오지 않는 경우가 있습니다. 이처럼 사람마다 이 땅에 태어나 인간 경작을 받으면서 입력된 것들이 죄를 다 벗어 버리고 성결된 후에도 흔적으로 남아 있는 것입니다.

믿음의 4단계는 영의 사람이지만 이렇게 '육의 흔적'과 같은 것이 남아 있으므로 더 성장하여 진리의 열매를 온전히 맺어야 비로소 주님을 닮았다고 말할 수 있습니다. 진리의 열매,

영의 열매가 마음에 온전히 채워지면 육의 흔적도 점점 희미
하게 사라집니다.

그러면 믿음의 4단계인 영의 사람과 5단계인 온 영의 사람
의 차이는 무엇일까요? 성경을 통해 살펴보겠습니다.

창세기 12장에는 아브라함이 애굽에서 아내 사라를 빼앗
긴 사건이 나옵니다. 아브라함은 기근을 피하여 애굽 땅에 들
어가면서, 애굽 사람이 아름다운 아내를 빼앗기 위해 자신에
게 해를 입힐 수도 있다는 생각을 했습니다.

그래서 사라에게 아내가 아니라 누이라고 말하게 했지요.
물론 혈연관계로 따지면 실제로 사라는 친척이었기 때문에 거
짓말이 아닙니다. 또한 아브라함이 비겁한 마음이거나 하나님
을 불신하여 두려움이 틈탄 것도 아니었습니다.

아브라함은 만일의 사태가 발생하면 맞서 대항할 용기도 있
고 하나님의 능력으로 승리하리라는 믿음도 있었습니다. 그럼
에도 그가 처음부터 문제가 발생할 소지가 생기지 않도록 지
혜롭게 대처한다는 것이 사라를 누이라고 하는 방법을 택한
것입니다. 이는 비진리로 인한 육신의 생각은 아니지만, 사람
의 한계 속에서 나올 수 있는 인간적인 생각이었습니다.

바로 이런 것을 '육의 흔적'이라 할 수 있습니다. 만일 아브

라함이 온 영이었다면 이러한 생각이 틈타지 않고 온전히 하나님만 의뢰했을 것입니다.

하나님은 아브라함이 더 온전히 하나님을 의뢰하는 사람이 될 수 있도록 연단을 허락하셨습니다. 애굽의 바로가 사라를 자기 아내로 취하고자 데려간 것이지요. 하지만 이미 아내를 누이라고 했기에 아내를 빼앗기면서도 아무 말도 하지 못한 채 속만 태웠습니다.

이런 위기의 상황에서 하나님께서는 바로의 집에 재앙을 내리셨고 아브라함은 극적으로 아내를 되찾게 됩니다. 아브라함은 이전에도 하나님을 신뢰하기는 했지만, 이 사건을 통해 다시 한 번 하나님의 전지전능하심을 체험했습니다.

아브라함은 하나님을 불신하거나 범죄하여 시험을 당한 것이 아니기에 피해를 입지는 않았습니다. 다만 마음 졸이는 연단을 통해 하나님을 더 온전히 의지하고 신뢰할 수 있는 믿음을 갖게 되었지요.

실제적인 예를 들어 보겠습니다. 어떤 사람이 하나님의 일을 이룸에 있어서 아랫사람들이 담당한 일까지 일일이 지시하고 간섭을 합니다. 이분은 자기 유익을 구하는 마음이나 상대를 힘들게 하려는 마음이 아닌, 오직 하나님 뜻을 이루기 원하며 상대방도 축복받기를 원하므로 좋은 길을 가르쳐 주려는 마음입니다. 그런데 상대의 입장에서는 이러한 모습이 무거운 짐으로 느껴지거나 불편한 마음이 들 수 있습니다.

이때 윗사람은 어찌 보면 자기 의와 틀 속에서 상대를 힘들게 하는 믿음의 3단계와 비슷하게 보일 수도 있습니다. 그러나 영의 사람은 자신이 영광 받고 드러내고 싶은 마음, 판단하는 마음, 교만 속에서 상대를 무시하는 마음이 없습니다. 어찌하든 하나님의 일을 잘 이루려는 뜨거움 속에서 그런 행동이 나오는 것뿐입니다. 하지만 이럴 때도 주님의 마음을 더 닮았다면, 더 밝히 주관을 받아 온전히 화평을 좇을 수 있습니다.

그러므로 주변에서 부딪힘이 발견될 때는 더욱 자신을 낮추고 돌아봐야 합니다. 상대의 믿음과 마음과 입장을 한 번 더 살피고 비록 일의 진행이 더디다 해도 비진리가 아니라면 때로는 참고 기다릴 수 있어야 합니다.

"나는 선한 뜻으로 말하고 있는데, 이것이 하나님 나라에 유익이 되는 길인데, 저들이 악해서 내 말을 받지 못하는구나." 하고 상대 탓만 하고 안타까워할 뿐이라면 자신에게도 발전이 없습니다. 믿음의 4단계 초입에서 영의 정체 현상이 일어나는 경우가 바로 이런 이유입니다.

자신은 영으로 들어가서 악이 없으며 옳기 때문에 자신의 옳음만을 바라보고 더 깊은 선의 차원을 깨닫지 못하는 것이지요. 그래서 믿음의 4단계에 들어와서 악이 없다 해도 이런 것까지 온전케 이루기 위해 또다시 하나님께서 허락하시는 연단을 받아나가게 됩니다.

3. 영의 내용물을 온전히 채워야

우리가 믿음의 4단계에 들어와서 깨끗한 마음 그릇을 준비했다 해도 온전해지기 위해서는 마음 안에 영의 내용물을 채워야 합니다. 영의 내용물을 채운다는 것은 어떤 의미일까요?

창세기 13장에는 하나님이 아브라함을 축복하실 때 조카 롯도 아브라함으로 인해 복을 누린 장면이 나옵니다. 그런데 아브라함과 롯의 가축이 많아지자 목자들이 풀과 물을 놓고 서로 다투었습니다.

이때 아브라함이 화평할 수 있는 방법을 제시하면서 롯에게 먼저 땅을 선택하게 했습니다. 이에 롯은 자신이 보기에 좋은 땅을 택하여 떠났습니다. 이런 상황에서 만일 아브라함이 믿음의 3단계에 있었다면 롯에 대해 불편한 마음을 가질 수 있었을 것입니다.

그러면 믿음의 4단계에 들어온 사람은 어떤 행함이 나올까요? 근본적으로 감정(憾情) 자체가 없습니다. 합리적인 해결책을 찾아 서로 갈라지자고 제안은 할 수 있지만, 상대에 대해 불편하거나 미운 마음이 없습니다.

아브라함의 경우, 자신이 연장자이니 "우리가 화평하기 위해서는 갈라져야 하겠다, 나는 이쪽으로 갈 테니 너는 저쪽으로 가라." 하면서 먼저 땅을 선택하고 롯에게 갈 바를 정해 줄 수도 있었습니다. 이미 영으로 들어간 사람이었기에 먼저 선택한다 해도 자기 유익을 좇을 리는 없지요. 그런데 아브라함은 정도를 넘어 더욱 선한 마음으로 롯을 섬겼습니다.

"네 앞에 온 땅이 있지 아니하냐 나를 떠나라 네가 좌하면 나는 우하고 네가 우하면 나는 좌하리라"(창 13:9)

아브라함은 서로 화목할 수 있는 방안을 제안하면서도 롯이 좋은 땅을 먼저 골라 갈 수 있도록 배려했습니다. 이런 모습을 볼 때 아브라함은 이미 영적인 열매가 풍성하게 맺혀 있음을 알 수 있습니다. 단순히 감정을 갖지 않는 차원에 머물지 않고, 선으로 악을 갚을 수 있는 마음이지요.

믿음의 4단계에서도 영적인 열매들로 많이 채워진 만큼 말과 행동이 더 덕스럽고 감동적으로 나올 수 있습니다. 영의 내용물이 50퍼센트, 80퍼센트 채워지고 마침내 100퍼센트 채워질 때, 온전히 진리로 채워진 온 영의 마음이 됩니다. 또한 마음에 진리가 채워지는 만큼 하나님께서 더 기뻐하시는 것을 선택할 수 있게 됩니다.

어떤 상황에서 이것도 저것도 가하여 둘 다 진리에 어긋나지 않는다면 믿음의 4단계 초입에 있을 때에는 별다른 생각 없이, 자신이 원하는 쪽을 택할 수 있습니다. 그러나 영적인 열매들이 마음에 채워지는 만큼 하나님의 마음을 더 깊이 헤아릴 수 있으므로 자신에게 좋은 것을 택하기보다는 하나님께서 더 기뻐하시는 편을 택하여 행하는 것입니다.

이처럼 믿음의 4단계 안에서도 마음에 영적인 내용물이 얼마나 채워졌는지에 따라 단지 악이 없는 차원에서부터 온전한 선의 차원으로 근접하게 됩니다.

물론 믿음의 4단계 초입에서도 사람마다 영적인 내용물이 채워진 분야는 각각 다릅니다. 어떤 사람은 사랑과 온유함이 승하기도 하고 어떤 사람은 희생과 섬김, 충성이 승합니다. 이 중 몇 가지 열매가 실하게 맺혀 있거나 때때로 온 영에 가깝게 행한다 해서 믿음의 5단계라 할 수는 없습니다.

그러니 믿음의 4단계도 연단을 통해 모든 분야에서 온전하게 주님을 닮을 수 있도록 계속 변화되어야 합니다. 사랑장의 사랑과 팔복의 열매, 성령의 아홉 가지 열매와 빛의 열매 등 진리의 열매가 온전하게 맺혀서 풍성해질 때 믿음의 5단계에 들어온 온 영의 사람이라 말할 수 있습니다.

하나님과 진실한 사랑을 나누려면

하나님께서는 그 자녀들에게 너무나 귀한 구원의 은총을 주셨습니다. 죄로 인해 지옥에 갈 수밖에 없던 영혼들에게 영원한 생명을 주고 천국에 들어가게 하신 것이지요. 뿐만 아니라 하나님의 자녀들이 이 땅에 사는 동안 영적인 믿음으로 구하면 섬세한 사랑으로 응답해 주십니다(마 8:13).

그런데 왜 "나는 열심히 기도했는데 응답받지 못했다."고 하는 사람이 있을까요? 하나님께서 인정하실 만한 믿음의 증거가 없기 때문입니다. 하나님 말씀을 얼마나 신실하게 지키고 마음을 성결케 하여 죄와 악을 버렸는지 이것이 바로 믿음의 분량을 재는 척도입니다. 하나님을 닮은 거룩한 자녀가 될수록 믿음의 분량이 커지고, 믿음이 클수록 더 쉽게 응답받고 더 많은 축복을 누릴 수 있습니다.

성령을 받고 구원받은 사람이라 해도 신앙이 제자리걸음을 하거나 퇴보한다면 하나님의 역사를 체험하기 어렵습니다. 그러니 구원받아 믿음의 1단계가 되었다면 열심히 하나님 말씀을 듣고 행하여 믿음의 2단계, 3단계로 신속하게 들어가야 합니다. 온전히 하나님 말씀 안에 거하여 믿음의 4단계 이상에 들어갈 때라야 하나님의 참 자녀로서 하나님과 진실한 사랑을 나누며 무엇이나 담대하게 구하여 응답받을 수 있습니다.

마침내 믿음의 5단계에 들어가면, 마음에 품은 것까지도 하나님 편에서 먼저 응답해 주시니 범사에 하나님의 역사를 체험하고 먹으나 마시나 항상 영광만 돌리게 됩니다.

4. 믿음의 5단계로 들어가기 위해 받는 연단

믿음의 4단계에 들어간 사람은 마음의 죄와 악을 버린 영의 사람이요 깨끗한 마음 그릇이 준비된 사람입니다. 그러나 깨끗한 그릇이 준비된 것만으로는 아직 온전하다 할 수 없습니다. 깨끗한 그릇 안에 영의 내용물이 가득 채워지고 진리의 열매들이 주렁주렁 맺혀야 하지요.

그럴 때 육의 흔적까지도 사라지고 온전히 주님을 닮은 온 영의 사람이 됩니다. 말과 행함이 주님과 같이 온전하여 범사에 주변 사람에게 은혜와 덕이 되고, 하나님께서 기뻐하시는 것을 분별하여 그대로 행하게 됩니다.

"우리가 다 하나님의 아들을 믿는 것과 아는 일에 하나가 되어 온전한 사람을 이루어 그리스도의 장성한 분량이 충만한 데까지 이르리니 … 오직 사랑 안에서 참된 것을 하여 범사에 그에게까지 자랄지라 그는 머리니 곧 그리스도라"(엡 4:13~15)

이처럼 믿음이 그리스도의 장성한 분량이 충만한 데까지 이르기 위해서는 영의 사람도 연단을 받습니다. 그러면 믿음의 5단계로 들어가기 위해 영의 사람이 받는 연단이란 어떤 것일까요?

믿음의 3단계와 4단계 연단의 차이점

믿음의 3단계 이하에서는 사람의 죄로 인해 원수 마귀 사단이 송사하고, 하나님께서는 사단의 권한 아래 연단을 받도록 허락하십니다.

그러나 믿음의 4단계부터는 원수 마귀 사단에게 맡겨 연단하는 것이 아니라 하나님이 연단하여 마음에 남아 있는 육의 흔적까지 버리게 하며 온전한 열매로 채우게 하십니다.

예를 들어, 욥은 하나님을 경외하고 의롭게 산 사람입니다. 그러나 마음의 악까지 버린 것은 아니기에 믿음의 3단계 끝부분에 해당하는 믿음을 갖고 있었습니다. 그는 하나님의 계명을 아는 대로 열심히 지켜 행했지만, 깊은 마음속에는 하나님에 대한 두려움이 있었습니다. "혹시 나에게 재앙이 오면 어떻게 하나?"라는 불안한 마음을 갖고 있었지요. 하나님의 마음을 알지 못하고 사랑을 신뢰하지 못하기 때문에 이처럼 불안과 두려움이 있었던 것입니다.

"사랑 안에 두려움이 없고 온전한 사랑이 두려움을 내어 쫓나니 두려움에는 형벌이 있음이라 두려워하는 자는 사랑 안에서 온전히 이루지 못하였느니라"(요일 4:18)

욥처럼 두려움이 있다는 자체가 온전한 사랑이 아니며 영의 마음을 이루지 못했음을 나타냅니다. 그러니 사단이 하나님 앞에 욥을 송사했고 하나님께서 허락하시므로 연단이 시작되었습니다. 그는 많은 재산과 자녀들을 하루아침에 잃었습니다. 온몸에 악창이 생겨 성한 데가 없었고 아내는 욥을 저주하며 떠나버렸습니다.

이렇게 연단이 왔을 때 욥은 처음에는 잘 인내하며 하나님 앞에 의를 지켰습니다. 그러나 인내할 수 있는 한계를 넘어서니 깊이 감춰져 있던 악이 드러나기 시작합니다. 자기를 낳은 부모를 원망하고 하나님이 창조하신 자연을 원망하기도 합니다. 또 "나는 잘못이 없는데 재앙을 주신 하나님이 불의하다."며 하나님을 대적하는 말까지 합니다. 위로하러 온 친구들을 무시하며 변론을 하였습니다.

행위적으로는 의로운 욥이었지만, 이처럼 그에게는 자신도 모르는 악이 깊이 숨겨져 있었습니다. 그러니 이러한 악을 알고 있는 사단이 그를 송사하여 재앙을 가져다준 것입니다.

물론 마음에 악이 있는 것만으로 재앙을 당하는 것은 아닙니다. 비록 악을 다 버리지 못했어도 믿음의 분량 안에서 노력할 때 하나님께서 재앙을 당하지 않도록 지켜 주십니다. 말씀 안에 살 때는 재앙이 임하지 않는 것입니다.

그런데 욥은 특별한 경우였습니다. 그는 행함으로 범죄하지 않았고 하나님을 신실하게 믿으며 많은 선을 행했기에 사단이 송사해도 하나님이 물리칠 수 있었습니다. 그럼에도 하나님께서 송사를 받아 주신 것은 욥이 자기 악을 발견하여 더 온전하게 변화되기를 원하셨기 때문입니다.

욥은 연단을 통해 악을 발견하자 철저히 회개하고 마음의 죄악까지 버려 더 큰 믿음으로 성장했으며 하나님께서는 그에게 이전보다 갑절의 축복을 주셨습니다.

이처럼 믿음의 3단계였던 욥이 받은 연단은 사단의 손에

붙여져 받은 연단이었습니다. 하나님께서 역사하시는 믿음의 4단계 연단과는 다릅니다. 원수 마귀 사단의 권세는 어둠에 속한 것으로서, 죄와 악이 있는 사람을 주관할 수 있습니다.

그런데 4단계에 들어선 영의 사람은 죄나 악이 없기 때문에 사단이 재앙이나 질병을 줄 수 없습니다. 때로는 믿음의 4단계에서 받는 연단이 3단계의 연단과 비슷하게 보일 때도 있지만, 그 연단의 과정이나 결과에 차이가 있습니다.

예를 들어, 요셉은 연단 중에라도 늘 하나님께서 함께하시므로 형통했습니다. 그 사실을 주변 사람도 느낄 수 있었지요. 하나님께서 불꽃 같은 눈동자로 지키면서 마음을 온전히 변화시키며 육적으로도 장차 애굽의 총리가 될 수 있는 자격 조건을 갖추도록 하신 것입니다.

종으로 팔려갔지만 주인의 신망을 얻어 모든 살림을 주관하는 자리에 올랐고, 이후 누명을 쓰고 감옥에 들어가 여러 사람을 만나면서 나라 전체를 다스릴 수 있는 넓은 안목과 능력을 갖출 수 있었습니다.

이처럼 하나님이 연단을 허락하여 큰 그릇으로 만들어 가시되 요셉이 믿음이 없었던 것도, 죄를 지은 것도 아니므로 원수 마귀 사단이 질병이나 재앙을 가져다줄 수는 없었습니다.

그러면 믿음의 3단계와 4단계 연단의 차이를 이해할 수 있도록 다윗의 경우를 살펴보겠습니다.

다윗이 영으로 들어가기 전, 죄를 범한 일이 있습니다. 충신 우리아의 아내 밧세바를 취하고 그 허물을 숨기기 위해 우리아를 이방인의 손에 죽게 만든 것입니다. 이로 인해 다윗은 사단의 송사를 받고, 이후로 참으로 큰 연단을 받습니다. 밧세바가 낳은 아들이 죽고, 다른 아들 압살롬이 반란을 일으킴으로 생명의 위협을 받으며 쫓겨 다녀야 했습니다.

물론 다윗은 나단 선지자가 책망할 때 회개했지만 범죄한 것에 대해서는 이렇게 사단의 송사를 받아 시험 환난을 겪어야 했던 것입니다. 이러한 연단을 통해 다윗은 철저히 낮아지고 하나님 앞에 합당한 마음으로 변화되었습니다.

그런데 세월이 흐른 후 영으로 들어간 다윗에게 하나님께서는 또 다른 연단을 허락하십니다. 다윗의 마음이 동하여서 이스라엘의 인구를 조사하였는데, 인구를 계수한다는 것은 곧 전쟁에 나갈 수 있는 군대를 조사하는 것입니다. 이렇게 다윗이 인구를 계수하는 자체가 잠시나마 하나님만 의지하지 못하고 사람의 힘을 의지하려는 것처럼 되어버렸습니다. 전적으로 하나님만 의지했어야 했는데, 하나님이 인구 조사를 명하지 않았음에도 계수를 한 것입니다.

이 사실을 깨달은 다윗은 즉시 회개했지만 이미 큰 연단의 길로 들어서고 말았습니다. 온 이스라엘 땅에 온역이 임하여 순식간에 칠만 명이 죽임을 당합니다.

어떤 사람은 이에 대해 다윗의 교만 때문에 하나님이 징계하신 것이라고 생각하기도 합니다. 그러나 사실 이 일은 왕으로서 할 수 있는 일이요, 다윗이 악한 의도를 가지고 한 것도 아닙니다. 사람의 입장에서는 "왕이 범죄하였다."고 정죄할 만한 일이 아니지요.

다만 온전하신 하나님 편에서 볼 때에 "네가 나만을 온전히 의뢰하지 않았다. 네가 교만하다." 말씀하실 수 있는 것입니다. 바로 이런 것이 성결된 후에도 남아 있는 '육의 흔적'에 해당합니다. 하나님께서는 육의 흔적조차 없는 다윗으로 만들고자 연단을 허락하셨습니다.

사실 백성에게 온역이 임한 근본적인 이유는 백성이 범죄함으로 하나님의 진노를 샀기 때문입니다. 이 사건을 기록한 사무엘하 24장 1절을 보면 "여호와께서 다시 이스라엘을 향하여 진노하사 저희를 치시려고 다윗을 감동시키사 가서 이스라엘과 유다의 인구를 조사하라 하신지라" 했습니다.

어찌되었든 다윗은 자신의 행동이 동기가 되어서 백성들이 죽는 것을 보면서, 심히 애통하며 철저히 돌이키게 되었습니다. 결국 하나님께서는 백성을 징계하면서 동시에 다윗을 연단하신 것입니다.

물론 구원받을 만한 선한 백성이 징계받은 것은 아닙니다. 그만큼 하나님 앞에 합당하지 않은 백성이 징계를 받았지요. 이렇게 다윗이 연단을 받기는 했지만 사단이 다윗에게 환난이나 직접적인 재앙을 갖다준 것은 아니었습니다.

이 일이 있은 후, 하나님은 다윗의 제사를 받으심으로 이스라엘의 재앙을 그치게 하셨고 여전히 그를 사랑하고 보장한다는 사실을 보여 주셨습니다.

이처럼 영의 사람의 연단은 사단에게 붙이는 것이 아니라 하나님께서 주관하사며 인도하십니다. 사단은 성결된 영의 사람에 대해서도 우는 사자와 같이 어찌하든 송사할 것을 찾고자 합니다. 그래서 때로는 악한 사람을 사주해서 영의 사람을 고난당하게 하고 재앙을 갖다주는 것처럼 보이기도 하지만 결과를 보면 하나님이 허락하신 연단이라는 것을 알 수 있습니다. 하나님께서 합력하여 선을 이루시므로 더 큰 축복으로 돌아오는 것입니다.

우리가 마음에 어떤 것을 채우는지에 따라 신속히 영의 마음을 이룰 수도 있고 더디게 이룰 수도 있습니다. 매 순간 자신의 말과 행함을 돌아보면서 '어떻게 하면 하나님의 마음을 닮을까', '예수님이라면 어떻게 하셨을까' 하며 진리를 사모하여 변화되어 나갈 때 아름다운 온 영의 열매로 나올 수 있습니다.

9장

믿음의 5단계

The Fifth Level of Faith

하나님을 기쁘시게 하는 믿음

믿음의 5단계 특징

드넓은 영의 세계에 입문하는 단계

Chapter 9

The Fifth Level of Faith

사랑하는 자들아 만일 우리 마음이 우리를 책망할 것이 없으면

하나님 앞에서 담대함을 얻고 무엇이든지 구하는 바를

그에게 받나니 이는 우리가 그의 계명들을 지키고

그 앞에서 기뻐하시는 것을 행함이라

요일 3:21~22

우리는 믿음의 분량이 커질수록 성경에 기록된 축복의 말씀을 체험하며 살아갈 수 있습니다. 하나님을 지극히 사랑하는 믿음의 4단계는 자신의 전부를 하나님께 드릴 수 있습니다. 하나님을 사랑하기 때문에 어떠한 핍박이나 순교를 당한다 해도 계명을 온전히 지키며 순종하는 삶을 살아갑니다.

잠언 8장 17절에 "나를 사랑하는 자들이 나의 사랑을 입으며 나를 간절히 찾는 자가 나를 만날 것이니라" 말씀한 대로 우리가 하나님을 많이 사랑하면 할수록 하나님께서도 항상 함께하는 증거를 보여 주십니다.

1. 하나님을 기쁘시게 하는 믿음

하나님을 지극히 사랑하는 믿음의 분량에서 더 성장하면 5단계의 믿음이 됩니다. 이 단계에서는 또 사랑의 차원이 달라집니다. 하나님을 사랑하여 계명에 순종하는 차원만이 아니라 하나님 마음과 뜻을 헤아려 순종하여 하나님을 기쁘시게 하는 것입니다. 그래서 믿음의 5단계를 '하나님을 기쁘시게 하는 믿음'이라고 합니다.

그러면 하나님을 기쁘시게 하는 믿음이란 구체적으로 어떤 차원일까요?

부모 자녀가 서로 사랑한다 하지만 부모님 말씀에 100퍼센트 순종하는 자녀는 그리 많지 않습니다. 순종하는 것도 있고 순종하지 못하는 것도 있으며, 어떤 자녀는 순종은커녕 아예 반항하거나 빗나가기도 합니다. 반면에 마음에서 우러나는 순종은 아니지만 부모님 말씀이기 때문에 도리를 좇아 복종하는 선한 자녀도 있습니다.

이보다 더 선한 자녀는 부모님을 사랑하기에 마음을 아프게 하지 않기 위해 오직 순종합니다. 말씀하는 대로 100퍼센트 순종하여 부모의 마음을 편케 해 드리는 것입니다.

그런데 이보다 더 사랑이 승한 자녀는 부모님이 무엇을 명하실 때 왜 그 말씀을 하시는지 마음까지 헤아려 부모님이 원하는 그 이상으로 이뤄 드립니다. 또한 시키지 않은 것까지 찾아서 부모님 마음에 꼭 맞는 방법으로 미리미리 해 놓습니다.

물론 부모는 모든 자녀를 다 사랑하기 마련입니다. 그러나 여러 자녀 중에서 특별히 부모를 사랑하여 중심에서 우러나는 순종을 하는 자녀가 있다면 부모도 그를 더 깊이 사랑할 수밖에 없습니다.

더구나 그가 부모의 좋은 점들을 쏙 빼닮았고 부모의 마음 깊은 것까지 헤아려 하는 일마다 마음에 꼭 들게 해 준다면 부모님은 참으로 기쁠 것입니다.

마찬가지로 하나님은 '하라, 하지 말라, 지키라, 버리라.' 기록된 성경 말씀에 온전히 순종하는 자녀를 볼 때 지극히 사랑할 수밖에 없습니다. 나아가 하나님의 깊은 마음과 뜻까지 헤아려 행한다면 얼마나 기뻐하시겠습니까? 바로 믿음의 5단계에 이른 사람이 이러합니다.

믿음의 5단계는 하나님이 명하신 대로 순종할 뿐 아니라 "왜 그런 것을 명하시는지" 하나님의 마음과 뜻을 헤아려서 명하신 것보다 넘치도록 순종합니다. 그것도 어느 한순간에만 넘치는 행함을 보이거나 가끔가다가 진한 사랑을 드리는 것이 아닙니다.

하루 24시간 매분 매초, 오직 하나님을 기쁘시게 하고자 살아갑니다. 그런 모습이 10년이 가도, 100년이 가도 변함이 없으며 오히려 승해지기만 하는 것이 믿음의 5단계입니다. 하나님을 믿기 전에 부모를 중심 다해 사랑하고 섬긴 사람은 믿음 안에서 하나님을 섬길 때도 그러할 것입니다.

하나님은 우리 영혼을 낳아 주신 영의 아버지가 되십니다.

더욱이 죽을 수밖에 없는 죄인인 나를 위해 독생자까지 주셨음을 깨닫는다면 어찌 사랑하지 않을 수 있겠습니까? 육의 사랑은 온전한 것이 아니며 상황에 따라 변합니다. 부모와 자녀 사이뿐 아니라 형제간의 우애, 부부의 사랑이나 친구의 우정도 다 마찬가지입니다.

저는 육남매의 막내로 태어나서 많은 사랑을 받고 자랐습니다. 부모님을 사랑했기에 어찌하든 기쁘게 해드리고자 노력했지요. 부모님과 진한 사랑을 주고받았다고 생각했지만 극단적인 상황에 이르자 그 사랑이 변하는 것을 보았습니다.

제가 하나님을 믿기 전에 병들어 있을 때 가장 역할을 하지 못하니 가정은 엉망이 되었습니다. 수년 동안 돈을 벌지 못하고 투병생활이 계속되자 생활비와 약값으로 가계 빚이 늘어났습니다. 세월이 갈수록 병이 낫기는커녕 점점 심해졌지요. 급기야 회복 불능 상태가 되어 죽을 날만 기다리는 상황이 되자 저를 사랑했던 일가친척이나 친구들이 하나 둘씩 떠나갔습니다.

부모님도 처음에는 어찌하든 저를 살리기 위해 약을 구해주시고 정성을 쏟으셨지만 결국은 포기하고 말았습니다. 병석에 누운 저를 찾아오신 어머니께서 "차라리 네가 죽는 것이

효도다.” 하고 통곡하시는 모습을 보면서, 저는 육의 사랑이 과연 어떤 것인지를 처절하게 깨달을 수 있었습니다.

그렇지만 하나님은 조건 없이 저를 사랑하셨습니다. 저를 찾아와 단번에 모든 질병을 치료해 주셨고 지금까지 그 사랑이 한 번도 변한 적이 없습니다. 어떤 절망적인 상황에서도 하나님을 부를 때마다 항상 응답하셨고 구하면 좋은 것으로만 주셨으며 찾으면 만나 주셨습니다.

저는 어렸을 때부터 육의 부모도 마음과 정성을 다해 사랑했습니다. 그런데 이렇게 좋으신 아버지 하나님을 만났으니 마음과 뜻과 정성, 그리고 힘과 지혜와 생명을 다해 하나님을 사랑할 수밖에 없었습니다. 어찌하든 하나님을 기쁘시게 하려고 열심히 말씀대로 순종하였지요.

그러자 주님을 영접한 지 몇 년 안 되어 영으로 들어갈 수 있었고, 교회를 개척할 때는 온 영으로 들어간 증거가 풍성히 나타나는 것을 볼 수 있었습니다.

2. 믿음의 5단계 특징

온전한 믿음을 소유한 사람은 하나님과 사랑을 주고받는 행복이 참으로 큽니다. 영육 간에 많은 축복을 받는 것도 있지만 가장 큰 행복은 하나님과 교통하며 깊은 사랑을 나누는 것입니다. 흔히 너무나 행복한 일이 있으면 사람들은 "이 시간이 영원하면 좋겠다."고 말하는데 믿음의 5단계에 이른 사람은 세상에서 얻을 수 있는 그 어떤 기쁨과 행복보다 충만한 느낌으로 항상 마음이 채워져 있습니다.

혼자 있어도, 길을 걸어도, 사람을 만나도, 무엇을 보고 들을 때에도 마음에는 하나님에 대한 사랑이 가득하며 범사에 하나님의 사랑을 느낍니다. 하나님 편에서도 그를 너무 사랑하셔서, 그의 존재 자체가 하나님께 기쁨이 됩니다.

그가 자나 깨나 앉으나 서나, 무엇을 말하거나 무슨 일을 하든지 하나님께서 보시기에 너무나 행복하고 사랑스러운 것입니다. 모든 생각과 언행이 범사에 하나님의 마음에 꼭 들어서 하나하나가 다 하나님께 기쁨이 되지요. 하나님께서 사람을 창조하신 이유가 바로 이런 자녀를 얻기 위함입니다.

하나님의 뜻대로 순종하여 생명도 바칠 수 있는 믿음

믿음의 5단계는 '하나님을 기쁘시게 하는 믿음'입니다. 하나님을 지극히 사랑하여 말씀에 온전히 순종하는 단계를 지나 하나님의 깊은 마음과 뜻을 헤아려 그에 맞게 행하는 차원입니다. 사람으로서는 불가능한 어떠한 일을 명해도 하나님 뜻이라면 오직 예와 아멘뿐이며 생명을 바쳐서 순종합니다.

물론 믿음의 4단계에서도 하나님을 위해서 생명을 드릴 수 있지만 하나님의 뜻을 얼마나 깊이 헤아려 순종했는지에 차이가 있습니다. 예를 들어 어머니가 직장에 출근하면서 자녀들에게 "내가 돌아올 때까지 청소를 해 놓아라." 했을 때 자녀마다 다른 반응이 나올 수 있습니다.

어떤 자녀는 얼른 나가서 놀고 싶은 마음에 억지로 청소를 합니다. 어떤 자녀는 사랑하는 어머니를 도와드릴 수 있으니 기쁜 마음으로 정성껏 합니다.

그런데 이보다 선한 자녀는 "어머니가 돌아오시면 피곤하실 텐데, 더 해 드릴 것이 없을까?" 이렇게 어머니의 입장을 헤아립니다. 그러니 깨끗하게 청소해 놓을 뿐 아니라 시키지 않은 일까지 찾아서 합니다. 이런 마음을 가진 자녀를 보면 부모의 마음에 단순히 사랑스러운 정도를 지나서 심히 대견하며 기쁨이 됩니다.

하나님과의 관계도 마찬가지입니다. 믿음의 4단계에서는 죄 아이 없고 하나님을 너무나 사랑하기 때문에 무조건 순종하고자 합니다. 그런데 하나님의 깊은 마음까지 헤아려 순종하기엔 부족함이 있습니다. 반면 믿음의 5단계는 명한 대로 순종할 뿐 아니라 왜 이런 것을 말씀하셨는지 하나님의 마음과 뜻을 헤아려 더 넘치게 순종합니다.

예수님은 아무 죄가 없는 하나님의 아들로서 십자가에 달릴 이유가 없는 분입니다. 그런데 하나님 뜻에 순종하여 기꺼이 십자가에 달려 돌아가셨습니다(빌 2:6~8). 이는 예수님이 단순히 하나님을 사랑하기 때문에 그분의 뜻에 순종한 것이 아닙니다. 예수님은 하나님의 깊은 마음과 뜻을 알아 그 마음을 품고 온전히 순종하여 하나님의 섭리를 이루신 것입니다.

죽어가는 영혼에 대한 하나님의 사랑을 깊이 느낄 수 있었기에 그 마음을 동일하게 품고 생명 다해 하나님 뜻을 이루셨습니다. 참혹한 십자가의 고난을 당하면서 예수님은 '힘들다, 어렵다.' 하며 자신의 입장을 생각한 것이 아니었습니다. 오히려 사망으로 가는 영혼을 긍휼히 여기며 자신을 못 박는 이를 위해 중보 기도를 올리셨습니다.

또한 예수님은 자신이 받는 고난으로 애통해하실 아버지 하나님의 마음을 먼저 생각했습니다. 그래서 십자가에서 운명하는 마지막 순간까지 앞으로 구원받을 무수한 영혼과 아버지께서 받으실 영광에 대해 아뢰며 감사의 고백을 올려 드렸습니다. 아버지를 위로해 드리고자 하는 예수님을 바라보시는 하나님의 마음은 얼마나 감동이 크셨겠습니까?

"이러므로 하나님이 그를 지극히 높여 모든 이름 위에 뛰어난 이름을 주사 하늘에 있는 자들과 땅에 있는 자들과 땅 아래 있는 자들로 모든 무릎을 예수의 이름에 꿇게 하시고 모든 입으로 예수 그리스도를 주라 시인하여 하나님 아버지께 영광을 돌리게 하셨느니라"(빌 2:9~11)

하나님은 우리가 예수님처럼 온전히 순종할 수 있기를 원하십니다. 그런데 이런 순종은 의욕만 앞선다고 할 수 있는 것이 아닙니다. 빌립보서 2장 5절에 "너희 안에 이 마음을 품으라 곧 그리스도 예수의 마음이니" 하신 것처럼 예수님의 사랑과 선이 임해야 온전한 순종을 할 수 있습니다.

영의 열매가 마음에 100퍼센트 온전히 채워져야

믿음의 5단계는 깨끗한 마음 그릇 안에 영의 열매들이 온전히 채워진 상태입니다. 믿음의 4단계에서도 깨끗한 마음 그릇이 준비되었기에 하나님 말씀에 순종합니다. 그러나 자기 안에 영적인 열매들이 맺힌 한도 안에서만 하나님의 마음을 헤아릴 수 있습니다.

충성의 열매는 100퍼센트에 가깝게 맺혀 있지만 절제의 열매는 40퍼센트 정도 맺혀 있는 영의 사람이 있다고 가정해 보겠습니다. 그러면 하나님께서 무엇을 명하실 때 충성의 분야에서는 하나님의 마음을 흡족하게 해 드릴 수 있지만, 절제의 분야에서는 자신이 이룬 40퍼센트만큼밖에 하나님의 마음과 뜻을 깨닫지 못합니다.

그런 만큼 하나님 마음에 쏙 들게 이뤄내지는 못할 수 있는 것입니다. 믿음의 5단계에 들어가서 모든 열매가 100퍼센트 맺힐 때라야 하나님의 마음 깊은 것까지라도 밝히 깨닫고 온전히 순종할 수 있습니다.

이렇게 영의 열매들이 맺힌 차이에 대해서 포도송이가 익어가는 것을 상상해 보면 더 쉽게 이해할 수 있습니다.

포도 꽃이 떨어진 자리에, 처음에는 작은 알맹이 같은 것이 생기며 열매가 맺히려는 조짐이 보입니다. 이것이 믿음의 3단계입니다. 마음에서 죄악을 벗어 버리는 만큼 미약하기는 하지만 성령의 열매가 맺힐 조짐이 보이는 것입니다.

그러다가 여름이 깊어질수록 포도 알이 커지고 짙은 보랏빛으로 물들어갑니다. 포도 알이 100개가 있다면 100개 모두 똑같은 크기와 빛깔로 익는 것이 아니라 같은 송이에 달린 포도 알이라도 익는 속도와 크기가 각각 다릅니다.

초록색이 많이 남아 있는 작은 열매도 있고 거의 보라색이 된 크고 통통한 열매도 있지요. 이런 것처럼 성령의 열매가 맺히기는 하지만, 어떤 열매는 더 승하고 어떤 열매는 좀 덜한, 그런 상태가 바로 믿음의 4단계입니다. 사랑은 승한데 절제의 열매는 좀 약하거나 충성의 열매는 승한데 온유는 약할 수도 있는 것입니다.

더 세월이 지나 비바람을 이겨내고 햇빛을 받아 포도 알 하나하나가 완전히 익으면, 모든 열매가 보랏빛으로 물들고 크고 통통한 알맹이로 꽉 채워집니다. 이런 것처럼 모든 성령의 열매가 100퍼센트 온전히 맺히면 마침내 믿음의 5단계로 들어서게 되고 그런 사람은 모든 분야에 완벽한 조화가 이뤄집니다.

주님을 향한 뜨거움과 불같은 열정이 있으면서 필요한 시점에 정확하게 맺고 끊는 절제 능력이 있습니다. 솜털같이 부드럽고 유순하지만 한편으로는 사자같이 담대하고 엄위한 권세가 있습니다. 범사에 상대의 유익을 구하고 생명을 줄 수 있는 사랑이 있지만 정확한 하나님의 공의 가운데 순종해 갑니다.

사람의 생각은 조금도 동원하지 않고 온전히 성령의 음성과 주관을 받으며 하나님의 마음과 뜻을 분별하여 순종하지요. 모든 분야에서 하나님 마음을 온전히 닮은 참 자녀가 된 것입니다. 이것이 바로 장성한 그리스도의 분량에 이른 사람의 모습입니다.

하나님의 깊은 마음을 헤아린 아브라함처럼

그러면 아브라함을 통해 믿음의 4단계와 5단계가 어떻게 다른지 살펴보겠습니다.

하나님께서 처음 아브라함을 부르실 때부터 그는 예와 아멘만 있었습니다. 하나님이 "너의 본토 친척 아비 집을 떠나 내가 네게 지시할 땅으로 가라" 하셨을 때 그는 어디로 가는지 목적지도 모른 채 무조건 순종하여 떠났습니다. 이때 아브라함은 하나님을 신뢰했으며 중심에서 순종하는 믿음이 있었지만 하나님의 마음을 깊이 이해한 것은 아닙니다.

그는 본토를 떠나 오랜 연단을 받으면서 하나님과 친밀한 사귐을 가졌습니다. 이 과정을 통해 하나님의 마음과 뜻을 밝히 알게 되었지요. 그래서 사람으로서 감당하기 어려운 큰 시험을 만났을 때 온전한 믿음으로 하나님을 기쁘시게 할 수 있었습니다. 그 시험은 바로 독자 이삭을 하나님께 번제로 드리는 것이었습니다.

육신의 생각을 동원하면 도무지 순종할 수 없는 일입니다. 아브라함이 오랫동안 상속자를 얻지 못하다가 100세가 되어 얻은 귀한 아들이 이삭입니다. 이렇게 사랑스러운 아들을 짐승처럼 잡아서 각을 뜨고 불에 태워야 하다니 사람의 생각을 동원하면 얼마나 기가 막힌 일입니까? 더구나 이삭은 하나님께서 말씀하신 언약의 씨입니다.

이런 경우 보통은 믿음이 있는 사람이라도 "내 손으로는 차마 아들을 죽일 수가 없다."라고 생각할 수 있습니다. "하나님이 이삭을 통해 후사를 잇게 하신다고 약속하셨건만 이제는 아들을 죽이라 하시는가?" 하면서 이런저런 의문을 가질 수도 있지요.

그런데 아브라함은 이 시험을 거뜬히 통과하여 믿음의 5단계로 입문했습니다. 하나님이 말씀하시니 전혀 생각을 동원하지 않고 무조건 순종했습니다. 어떤 이유를 대거나 변명하지도, 이삭을 통해 후손들이 뭇별같이 많이 나올 것이라는 약속과 다르다고 의문을 갖지도 않았습니다. 하나님을 신뢰하면 무조건적으로 순종이 따릅니다.

이때 아브라함이 순종한 것은 단지 하나님을 사랑하는 차원을 넘어 하나님의 깊은 마음까지 깨달아 나온 것입니다. 이삭을 번제로 드려도 전능하신 하나님이 다시 살릴 것이며 하나님의 섭리를 온전히 이룰 것이라는 사실을 깨닫고 순종한 것이지요. 이런 믿음을 인정받은 시점부터 하나님께서는 아브라함을 지극히 기뻐하며 '하나님의 벗'이라 칭하셨습니다.

말씀에 순종하여 생명도 드릴 수 있으며 하나님의 깊은 마음을 깨달은 아브라함이었기에 믿음의 조상이요, 하나님의 벗이라 칭함 받을 수 있었습니다. 친구란 마음을 주고받을 수 있는 존재입니다. 친구끼리는 서로 마음을 나누기 때문에 비밀이 없고 함께하기를 기뻐합니다.

우리가 이처럼 하나님의 벗으로 인정받는다면 하나님께서 친구처럼 대해 주십니다. 그런 사람이 기도하는 것마다 응답하시고, 머무는 곳마다 복이 임하게 하시는 것입니다.

무수한 기도를 쌓아 기사와 표적을 행하는 믿음

믿음의 5단계의 두 번째 특징은 무수한 기도를 쌓으므로 기사와 표적이 나타나는 것입니다.

기도는 영혼의 호흡이기 때문에 주님을 영접한 사람은 누구나 기도해야 합니다. 기도의 내용은 믿음의 단계에 따라 다른데, 믿음의 1, 2단계에서는 주로 자신을 위한 기도를 합니다. 가족, 직장, 질병 치료, 물질의 축복 등을 위해 구하며, 아직 오래 기도하지는 못합니다. 믿음이 성장하여 3단계에 들어오면 하나님 나라와 의를 위해 기도하게 되며 기도의 양도 늘지요. 믿음의 4단계도 그렇지만 5단계에 들어서면 이제 자신을 위해서는 기도할 것이 별로 없습니다. 물질이든, 건강이든, 필요한 것은 마음에 품은 대로 하나님께서 먼저 아시고 응답해 주시니 개인적으로는 구할 것이 별로 없게 되지요. 이미 마음의 죄악까지 온전히 버렸으니 성결되기 위해 기도할 필요도 없습니다.

그러니 이제는 '어찌하면 더 많은 영혼들을 구원할까, 어찌하면 하나님의 나라를 더 크게 확장할 수 있을까?' 이러한 내용으로 기도를 쌓아가게 됩니다. 자신은 하나님의 축복을 받아 부족할 것이 없지만 하나님을 너무나 사랑하기 때문에, 그리고 죽어가는 영혼들에 대한 마음이 애절하기에 하나님 나라와 의를 위해 간절히 기도하는 것입니다.

그런데 하나님 나라를 위해 기도하다 보면 무엇보다도 영적인 능력이 필요함을 절실히 느끼게 됩니다. 고린도전서 4장 20절에 "하나님의 나라는 말에 있지 아니하고 오직 능력에 있음이라" 했습니다. 하나님 나라를 이루는 것은 영혼들을 사망으로 끌고 가려는 악한 영들에 대한 영적인 싸움입니다. 이러한 영적인 싸움은 사람의 지혜나 경험, 능력이 아닌 하나님 능력이 임해야 능히 이길 수 있습니다.

요한복음 4장 48절을 보면 "너희는 표적과 기사를 보지 못하면 도무지 믿지 아니하리라" 말씀하셨습니다.

'표적'이란 사람이 행할 수 있는 한계를 넘어 하나님의 능력이 나타나는 것을 말합니다. 성경에는 하나님의 능력으로 죽은 사람을 살리기도 하고 약한 것이나 질병을 치료하는 등의 많은 표적이 기록되어 있습니다. '기사'란 천기를 움직이는 것입니다. 기도하여 비나 우박을 내리게 하거나 해와 달의 운행을 멈추게 하고 풍랑이 멎게 하는 등의 역사를 말합니다.

이러한 표적과 기사를 보고 살아 계신 하나님을 체험할 때 수많은 사람이 한꺼번에 회심하고 주님을 영접하는 것을 볼 수 있습니다. 그렇기 때문에 믿음의 4단계나 5단계에 입문하면 온전한 능력을 받고자 간절히 기도하게 됩니다.

그렇다면 능력을 받아 성령의 역사를 나타내려면 어떻게 해야 할까요?

먼저는 성결된 마음으로 변화되어야 하며 그 토대 위에 성령의 감동함 속에서 하나님을 기쁘시게 하는 기도를 많이 쌓아야 합니다. 아직 성결되지 않은 믿음의 1, 2단계에서는 열심히 기도해도 기도의 향이 가늘게 올라가지만, 믿음의 5단계는 항상 성령 충만함을 입고 있기 때문에 무릎 꿇고 기도하면 곧 바로 굵고 아름다운 향이 되어 하늘 보좌로 올라갑니다.

또한 주님 마음을 닮아 기도하니 그 기도 안에는 선과 진실함이 있습니다. 기도하는 내용마다 하나님을 기쁘시게 하는 향이 되어 하늘 보좌를 울립니다. 성령의 감동 속에 밤낮을 가리지 않고 이러한 기도를 올릴 때 하나님의 능력이 임하며 더 깊은 차원으로 들어가면 권능까지 임합니다.

능력, 권세, 권능의 영적인 의미

아직 성결되지 않은 사람도 하나님과 영혼을 사랑하여 불 같은 기도를 무수히 쌓으면 신유나 능력 행함 등 성령의 은사가 나타나기도 합니다. 또 어떤 사람을 위해 사랑으로 간절히 기도할 때 하나님께서 긍휼을 베푸시는 경우도 있습니다. 가령, 주의 종에게 능력이 있는 것이 아닌데 양 떼 편에서 매우 간절한 믿음으로 기도를 요청하는 경우 그 간절함과 순수한 믿음을 보고 역사하시는 것입니다.

그런데 이런 경우는 성결된 사람에게 하나님의 능력이 온전히 임하여 기사와 표적을 행하는 것과 차원이 다릅니다. 성결되어 믿음의 4단계에 들어와서 무수한 기도를 쌓아야 어느 정도 하나님의 능력이 임하고, 믿음의 5단계에 이르렀을 때에야 온전히 임합니다.

믿음의 5단계에 들어와 온전한 능력을 받으면 기사와 표적을 행할 수 있습니다. 질병의 치료뿐 아니라 약한 것, 곧 불구된 것도 고칠 수 있지요.

성경에서는 이러한 능력과 신유의 은사 곧 병 고치는 은사를 구별해서 기록하고 있습니다. 병 고치는 은사는 질병 균과 바이러스를 태워 병을 고칠 수는 있지만 약한 것, 곧 불구된 것을 고치거나 귀신을 쫓아낼 수는 없습니다. 능력이 있어야 약한 것을 고칠 수 있습니다. 성경에는 '능력'이라는 말과 함께 '권세', '권능'이라는 말이 나오는데 이런 말들은 비슷한 것 같지만 각각 의미가 다릅니다.

능력이란 사람으로서는 할 수 없지만 하나님으로서는 하실 수 있는 힘입니다. 사람으로서는 도무지 할 수 없는 일이 세상에는 많이 있지만 하나님의 능력으로는 불가능이 없습니다(막 10:27). 이러한 능력이 있으면 질병과 약한 것을 고칠 수 있고 죽은 자를 살리며 귀신을 내어 쫓을 수가 있는 것입니다.

세균이나 바이러스로 인한 질병은 신유의 은사로 고칠 수 있지만 소경, 벙어리, 앉은뱅이 등 약한 것을 고치려면 능력이 있어야 합니다. 아직 악을 다 버리기 전이라 해도 기도를 많이 쌓으면 성령의 은사로서 능력을 받을 수 있지만 이는 온전한 것이 아니며 부분적으로 나타나는 차원입니다. 이렇게 은사 차원에서 능력을 받은 사람은 교만해지거나 마음이 변질될 수 있는데 이런 경우 은사는 다시 거두어질 수 있지요.

믿음의 4단계에 들어와 받는 능력은 이와 차원이 다릅니다. 하나님을 지극히 사랑하는 믿음의 단계에 들어온 사람이 무수한 영혼을 구원하고 능력 받아 일하기 위해 불같은 기도를 쌓으면 능력이 임하는데 이미 성결되었기에 교만해지거나 변질될 리가 없습니다. 따라서 능력이 사라질 리 없으며 많은 기도를 쌓아가는 만큼 또한 하나님의 마음을 닮아가는 만큼 마음껏 능력을 행할 수 있도록 영적인 권세까지 주십니다.

권세는 영적으로 '하나님의 정하신 엄위 있고 영광스런 힘이요, 하나님의 질서 가운데 위로부터 난 하나님의 명(命)'을 의미합니다. 창조주 하나님께 속한 영광스런 권세를 사람에게 허락하신 것이지요. 로마서 13장 1절에 "각 사람은 위에 있는 권세들에게 굴복하라 권세는 하나님께로 나지 않음이 없나니 모든 권세는 다 하나님의 정하신 바라" 했습니다.

빌라도가 예수님을 심문할 때에도 예수님께서는 "위에서(즉 하나님이) 주지 아니하셨더면 나를 해할 권세가 없었으리라" 하셨지요. 천하 만물과 인생의 생사화복을 주관하시는 분은 오직 하나님이며, 참새 한 마리도 하나님께서 허락하지 않으시면 떨어지지 않습니다. 이 사실을 안다면 어떤 시험이 올 때 사람의 방법을 동원하는 것이 아니라 하나님 안에서 해결할 길을 찾습니다.

그런데 영적인 권세는 성결과 직결됩니다. 성결되지 않으면 결코 받을 수 없지요. 어린아이에게 칼을 주면 위험한 것처럼 하나님의 영광스러운 권세를 아무나 가질 수 있다면 큰 혼란이 생길 것입니다. 그래서 하나님께서는 악이 없고 형제를 위해 생명도 줄 수 있는 사랑과 덕과 관용이 있는 사람에게 영적인 권세를 주십니다.

영적인 권세와 함께 능력을 받은 사람은 권능을 행하게 됩니다. '권능'이란 권세 있는 능력을 말합니다. 누가복음 4장 36절을 보면 "다 놀라 서로 말하여 가로되 이 어떠한 말씀인고 권세와 능력으로 더러운 귀신을 명하매 나가는도다" 말씀합니다. 예수님께서 행하신 일은 능력만이 아니라 권세와 함께 나타난 권능의 역사였습니다.

믿음의 5단계에 이르지 않았다 해도 예외적으로 권능이 나타난 경우가 있는데 바로 예수님께서 제자들에게 안수하여 권능을 행하도록 명하신 경우이지요. 이는 예수님의 뜻 가운데 예수님의 권능이 제자들에게 일시적으로 주어져 나타난 것입니다. 능력을 포괄적으로 말할 때에는 귀신을 내쫓고 질병이나 약한 것을 고치며 죽은 자를 살리기도 하는 등 모든 신령한 역사가 다 포함됩니다. 그러나 엄밀하게 말하면 능력만 있는 것과 권능, 곧 권세가 따르는 능력은 구분이 됩니다.

그러면 능력과 권능은 어떻게 다를까요?

비유를 들어, 부모와 자녀 간에 아들이 아무리 똑똑하고 능력이 크다 해도 아버지의 말씀에는 순종하게 됩니다. 아버지의 권세에 복종하는 것이지요. 또 옛날에 왕의 명을 가지고 가는 사신에게는 어떤 신하도 복종해야 했던 것을 봅니다. 비록 그 사신보다 더 지위가 높다 해도 사신은 왕의 권세를 받아서 오는 것이기에 그 명령에 순종하게 되는 것입니다.

하물며 전능하신 창조주 하나님께서 영적인 권세를 부여해 주셨다면 모든 피조물과 악한 영들까지도 그 앞에 복종할 수밖에 없는 것입니다. 영적인 권세는 창조주 하나님께 속하므로 능력과 함께 권세까지 있다면 악한 영들이나 질병 균, 심지어 무생물이라도 순종하게 만들 수 있습니다.

예수님처럼 바람과 파도도 잔잔케 할 수 있고 비와 구름 등을 명하여 천기를 움직일 수도 있습니다. 성결하고 정금같이 온전한 믿음을 가진 사람이라야 이러한 권능을 받을 수 있으며, 믿음의 5단계에서 깊은 차원으로 들어갈수록 권능은 더욱 크고 놀랍게 나타납니다. 이렇게 권능 받은 사람에게 나타나는 대표적인 것이 바로 믿는 자들에게 따르는 표적입니다.

믿는 자들에게 따르는 표적

마가복음 16장 17~18절에 보면 "믿는 자들에게는 이런 표적이 따르리니 곧 저희가 내 이름으로 귀신을 쫓아내며 새 방언을 말하며 뱀을 집으며 무슨 독을 마실지라도 해를 받지 아니하며 병든 사람에게 손을 얹은즉 나으리라" 했습니다.

하나님의 권능으로 베풀어지는 역사는 이 외에도 많이 있지만 대표적으로 다섯 가지만 언급한 것입니다. 그러면 다섯 가지 표적의 영적인 의미를 살펴보겠습니다.

첫째, 예수 그리스도의 이름으로 귀신을 쫓아냅니다.

오늘날 많은 사람이 귀신이 없다고 생각하지만 성경에는 분명히 귀신이 존재함을 기록하고 있습니다. 예수님도 귀신 들린 사람들을 온전케 하셨고 제자들이나 사도 바울도 귀신을 내쫓았습니다. 오늘날에도 귀신이나 악한 영들에게 고통받는 사람이 있는데 이런 경우는 의학적으로 치료가 불가능합니다.

우리가 빛이신 하나님 말씀 가운데 살 때 비로소 어둠인 악한 영들을 제어하고 물리칠 수 있습니다. 믿음의 5단계에 이르러 온전히 빛 가운데 거하면 주님의 이름으로 귀신을 물리치는 것은 물론, 영혼들을 전도하고 심방할 때도 원수 마귀 사단이 역사하지 못합니다. 그러니 상대가 마음 문을 쉽게 열고 말씀의 권세 속에 은혜를 체험하며 비진리를 버리고 말씀대로 행할 능력도 받는 것입니다.

그런데 믿음의 5단계에 이르러 권능을 받은 사람이 물리친다 해도 귀신이 무조건 물러가는 것은 아닙니다. 예를 들어 본인이나 가족, 조상들이 심히 우상을 섬기거나 많은 악을 쌓은데다 진리도 모르고 믿음도 없는 경우가 있습니다. 이런 사람이 귀신 들렸다면 먼저 그동안 쌓인 죄의 담을 헐어야 합니다. 귀신 들려 자기 의지로 회개할 수 없는 경우 가족이 대신 신앙생활을 열심히 하면서 하나님의 긍휼을 구해야 하지요. 어찌하든 최선을 다해 말씀을 양식 삼고 빛 가운데 살려고 노력하며 기도하면 결국 어둠이 물러가고 귀신도 떠납니다.

또 다른 경우는 믿음이 있다는 사람이 하나님을 너무나 서운케 했을 때입니다. 대표적인 예로, 하나님을 대적하여 용서받지 못할 죄를 지은 경우입니다(요일 5:16).

용서받지 못할 죄, 곧 사망에 이르는 죄란 성령 훼방, 모독, 거역이나 진리를 알면서 짐짓 죄를 범해 나가는 경우, 하나님 말씀과 능력을 체험하고도 다시 타락하여 현저히 주님을 못 박는 경우 등입니다.

하나님을 믿는다는 사람이 성령의 역사로 나타나는 기사와 표적을 보면서 '사단의 역사다, 이단이다.'라고 정죄하거나 훼방하며 대적해 나갈 때 하나님께서 외면하시므로 재앙을 당하거나 귀신이 들리기도 합니다.

또 믿음이 있으면서 현저한 육체의 일을 계속 행해 나가거나 세상으로 빠지는 경우에도 그러한데, 이럴 때는 아무리 권능 있는 사람이 기도해 주어도 먼저 죄의 담을 헐지 않고는 문제를 해결받지 못합니다. 이런 예외적인 경우가 아니라면, 권능을 받은 사람이 주님의 이름으로 명할 때 귀신이 두려워하며 물러갑니다.

둘째, 새 방언을 말합니다.

고린도전서 14장 15절을 보면 "그러면 어떻게 할꼬 내가 영으로 기도하고 또 마음으로 기도하며 내가 영으로 찬미하고 또 마음으로 찬미하리라" 했습니다.

마음으로 기도하는 것은 "질병을 치료해 주세요.", "물질의 축복을 주세요.” 등등 마음의 소원을 구하는 것이며, 영으로 기도하는 것은 방언 기도를 말합니다.

방언은 성령의 충만함 속에 기도할 때 위로부터 은사로 주어집니다. 방언으로 기도할 때는 그 내용을 육으로는 깨달을 수 없고 원수 마귀 사단도 알 수 없습니다. 다만 기도하는 사람이 성령의 감동을 입으면 어느 정도 깨달을 수 있고 방언 통역의 은사를 받으면 그 내용을 알 수 있습니다.

성령의 은사 중에서 방언의 은사는 하나님께서 모든 성도에게 주기 원하시는 은사입니다. 방언을 받으면 그만큼 기도의 능력이 더하니 초신자에게도 꼭 필요한 은사이며, 방언 기도를 충만하게 하면 성령의 감동 속에서 방언 찬송이 나옵니다. 더 깊은 감동이 임하면 아무리 노래를 못하고 몸이 굳은 사람이라도 아름답게 찬양하고 춤출 수 있습니다.

더 깊은 단계로 들어가면 새 방언이 나오는데 믿음의 5단계에서는 방언 기도를 시작하는 즉시 새 방언으로 기도할 수 있습니다. 새 방언은 능력의 방언이므로 새 방언으로 기도할 때는 원수 마귀 사단이 두려워 떨며 물러가지요.

일례로 골목길에서 강도를 만났다고 합시다. 강도가 칼을 들어 찌르고자 할 때 새 방언으로 기도하면 그 자리에서 어둠이 물러갑니다. 사람이 악을 행하는 것은 원수 마귀 사단의 사주를 받기 때문입니다. 그런데 이러한 어둠의 역사가 사라지니 강도가 갑자기 마음이 변하여 달아나거나 그 자리에서 몸이 굳어버리기도 합니다. 그러니 새 방언을 항상 할 수 있는 사람은 어느 곳에서도 원수 마귀 사단의 훼방을 받지 않으며 형통한 삶을 살 수 있습니다.

셋째, 뱀을 집습니다.

여기서 뱀은 땅에 기어 다니는 뱀이 아니라 영적인 의미의 뱀을 말합니다. 요한계시록 12장 9절에 "큰 용이 내어 쫓기니 옛 뱀 곧 마귀라고도 하고 사단이라고도 하는 온 천하를 꾀는 자라" 하신 말씀처럼 '뱀'은 '원수 마귀 사단'을 나타냅니다.

따라서 믿는 자가 '뱀을 집는다'는 것은 교회 안에 발생하는 '사단의 회'를 훼파하는 권세가 있음을 말합니다. 요한계시록 2장 9절에 기록된 '사단의 회'란 자칭 유대인, 곧 스스로는 하나님께 속한 사람이라 생각하지만 자기 생각과 유익에 맞지 않는다 해서 하나님 일을 훼방하는 무리를 말합니다.

예를 들어, 두 사람 이상이 모여 불평, 불만하고 판단, 정죄, 이간질 등으로 문제를 일으키며 분리하여 당을 짓는 것입니다. 물론 하나님 나라를 이루기 위해 선한 마음으로 건설적인 제안을 하는 것은 필요합니다. 하지만 자기 유익을 구하고자 자기 의를 내세우고 하나님의 종을 대적하며 교회 방침을 거스르고 믿음의 형제들을 분리시키는 것은 분명한 사단의 역사입니다. 교회 안에 이러한 사단의 회가 생기면 사랑이 식고 하나님의 역사가 끊깁니다.

그런데 5단계의 믿음에 이른 사람은 이러한 사단의 회를 꿰뚫어 보고 말씀의 권세로 깨뜨릴 수 있습니다.

넷째, 무슨 독을 마실지라도 해를 받지 않습니다.

사도행전 28장 1~6절을 보면 사도 바울이 멜리데 섬에서 독사에 물리는 사건이 나옵니다. 이 장면을 본 많은 사람이 바울이 즉사할 것이라고 생각했지만 아무 일도 일어나지 않았습니다. 그러자 크게 놀라며 바울을 신과 같이 여기는 것을 볼 수 있습니다.

이처럼 온전한 믿음의 단계에 이르면 독극물을 먹거나 유독 가스를 마신다 해도 하나님께서 지켜 주시므로 해를 당하지 않습니다. 질병을 유발하는 세균이나 바이러스가 틈탄다 해도 즉시 성령이 불로 태워 주십니다.

하지만 아무리 권능 있는 사람이라도 하나님을 시험하기 위해 고의로 독을 마시면 지킴받을 수 없습니다. 마태복음 4장

7절에 "주 너의 하나님을 시험치 말라" 하신 대로 십일조 외에 하나님을 시험하는 것을 금하셨기 때문입니다.

다섯째, 병든 사람에게 손을 얹은즉 낫습니다.

믿음의 5단계에 이르러 권능이 임하면 자신에게 질병이 틈타지 않으며 다른 사람의 질병을 고쳐 줄 수도 있습니다. 그런데 권능 있는 사람이 병든 이에게 손을 얹어도 기도받는 사람 편에 믿음이 없거나 죄의 담이 있으면 치료되지 않습니다.

매주 수많은 사람이 저의 기도로 치료받으며 하나님의 역사를 체험합니다. 하지만 똑같이 기도를 받는다 해도 믿음 없이 요행을 바라고 나온 경우라면 하나님의 역사를 체험할 수가 없습니다. 먼저 하나님 말씀을 듣고 믿음을 가져야 하며 죄를 회개하고 기도받으면 낫겠다는 믿음과 사모함으로 기도를 받아야 합니다.

물론 아직은 믿음 없이 기도를 받았다 해도 하나님이 변화될 그 사람의 선한 중심을 보고 치료해 주시는 경우가 있습니다. 그러나 일반적으로 하나님의 은혜로 치료받고자 하는 사람은 말씀을 듣고 죄를 회개하여 응답받을 만한 믿음의 그릇을 준비해야 합니다.

마가복음 16장 20절에 보면 "제자들이 나가 두루 전파할 새 주께서 함께 역사하사 그 따르는 표적으로 말씀을 확실히 증거하시니라” 했습니다. 예수님뿐만 아니라 제자들도 복음을 전할 때에 표적을 행하여 말씀이 참임을 확증했습니다. 이러한 증거들을 보여 줄 때 사람들의 생각이 깨지고 마음 문이 열리며 단번에 무수한 영혼이 구원받는 역사가 나타나는 것입니다.

온 집에 충성하는 믿음

믿음의 5단계의 세 번째 특징은 온 집에 충성하는 것입니다. 민수기 12장 3절에 “이 사람 모세는 온유함이 지면의 모든 사람보다 승하더라” 하셨고, 7절에 “내 종 모세와는 그렇지 아니하니 그는 나의 온 집에 충성됨이라” 하셨습니다. 모세는 하나님을 기쁘게 하는 믿음의 5단계에 있었습니다.

충성의 영적인 의미는 자기에게 맡겨진 일 그 이상을 해 내는 것을 말합니다. 예를 들어 어떤 사람을 일꾼으로 불러 급료를 주며 일을 맡겼을 때 그 일만을 잘 감당했다 해서 ‘충성했다’고 하지는 않습니다. 당연히 할 일을 한 것뿐이지요. 그런데 삯을 받고 일에도 ‘넘치게 해야겠다’는 마음으로 자신의 시간과 물질과 몸을 아끼지 않고 주어진 일을 감당해 나갈 때는 충성했다고 할 수 있습니다.

믿음의 4단계에 들어온 사람은 영적으로 충성한다고 인정받을 수 있습니다. 성결되어 믿음의 4단계에 들어오면 성령의 열매가 맺혀 있으니 충성의 열매도 당연히 있습니다. 그런데 이러한 충성의 차원을 넘어 온 집에 충성하려면 믿음의 5단계에 들어와 성령의 열매가 100퍼센트 맺혀야 합니다.

충성이 좋은 결실을 맺으려면 상대의 유익을 위해 자신을 희생하고 헌신하는 과정이 있어야 합니다. 영적인 사랑이 없이는 희생하고 헌신할 수가 없습니다. 또한 절제의 열매가 부족하면 한쪽에서 아무리 충성한다 해도 다른 분야에는 좀 소홀하게 될 수 있지요.

'화평'의 열매가 온전히 맺혀 있지 않으면 일을 이루는 과정에서 부딪힘이 생기고 상대에게 상처를 줄 수 있습니다. 이렇게 화평이 깨어진 충성은 하나님 앞에 온전한 것이 될 수 없습니다. 그러니 영적인 충성을 하면서 온 집에 충성하려면 성령의 열매들이 모두 맺혀 있어야 합니다.

온 집에 충성하는 것은 '자신의 사명을 온전히 감당하되 모든 분야에서 주어지는 대가 이상으로 넉넉히 감당해 내는 것'입니다. 신앙생활을 하다 보면 사명을 맡게 됩니다. 그 사명을 충성되이 감당하되 한두 가지만 열심히 하는 것이 아니라 맡겨진 모든 분야에 마음을 다해 감당하는 것이 바로 온 집에 충성하는 것입니다.

여러 사명 중에는 중요해 보이고 사람들에게 인정받는 사명도 있지만 조금은 덜 중요해 보이거나 인정받지 못하는 것처럼 보이는 사명도 있습니다. 그러나 온 영으로 들어간 사람은 사람이 보기에 큰 것이든 작은 것이든 하나님께서 주신 모든 사명을 소중히 여기므로 마음과 뜻과 정성을 다해 감당합니다. 아무리 많은 사명을 갖고 있어도 모든 분야에서 충성하며 열매를 낼 수 있습니다. 온전하신 하나님의 마음을 닮았으며 그리스도의 마음을 가졌기 때문입니다.

하나님은 인류 역사의 모든 과정도, 무수한 영혼들의 삶도 손바닥을 들여다보듯 마음에 다 담고 주관해 가시는 분입니다. 믿음의 5단계인 온 영으로 들어간 사람은 영이신 하나님의 속성을 닮아 많은 영혼이나 많은 일을 마음에 품을 수 있습니다. 하나님 나라와 영혼 구원을 위해 자신의 생명까지 줄 수 있는 사랑이 있습니다. 그 간절한 사랑으로 마음에 품고 간구하므로 자신이 맡은 모든 분야에서 하나님의 역사를 끌어내릴 수 있는 것입니다.

물론 모든 분야를 똑같이 마음에 품고 소중하게 여기며 정성을 다한다는 것이 모든 사명에 똑같은 시간을 할애하고 똑같이 긴급하게 여긴다는 말은 아닙니다. 분명히 급한 것이 있고 나중에 할 것이 있으며, 상대적으로 많은 시간을 들여야 할 것이 있지요. 그러나 충성의 열매가 온전히 맺힌 사람은 수많은 사명 중에 어떤 사명도 가볍게 생각하지 않으며, 수많은 양 떼 중에 한 영혼도 소홀하게 대하지 않는다는 말입니다. 시간을 적게 들이든 많이 들이든, 모든 분야에 정성과 성실을 다하는 것입니다.

온 집에 충성하려면 모세처럼 영으로 품어야

출애굽 당시, 이백만 가량이나 되는 수많은 백성을 모세가 일일이 만나고 그들의 문제를 상담할 수는 없었지만 모든 백성을 영으로 품고 있었습니다. 자신의 생명까지 내놓을 수 있는 사랑으로 돌보았지요. 그러니 하나님께서는 모세에 대해 "그는 나의 온 집에 충성됨이라" 하신 것입니다.

우리도 마찬가지입니다. 영으로 들어간 만큼 많은 것을 영으로 품을 수 있고 많은 사명도 능히 감당할 수 있습니다. 예를 들어, 오백 명의 양 떼를 관리한다면 매주 그들을 심방할 수는 없습니다. 믿음이 연약하거나 급한 문제가 있는 사람은 자주 돌아보지만, 그렇지 않은 사람은 일 년에 한두 번 심방하는 경우도 있습니다.

그러나 정녕 충성된 마음을 가졌다면 자주 보든, 보지 못하든 모든 양 떼를 항상 영으로 품어 마음에 담을 수 있습니다. 몇 달 동안 심방예배 한 번 드리지 못한 영혼이라도 마음에 늘 담고 있으니 하나님께서 역사해 주십니다. 그래서 꼭 필요할 때에는 마음을 주관하여 특별히 기도하거나 심방하게 하시는 것이지요. 단 한 번을 짧게 만난다 해도 마음에 항상 품고 있는 것이 쌓여서 좋은 열매로 나오게 됩니다.

이는 게을러서 심방하지 않으면서 "그 대신 기도하고 있으니까." 하고 변명하는 모습과는 전혀 다릅니다. 생명 다해 사명을 감당하려고 노력하지만 "제가 직접 돌보지 못한 분야까지도 하나님께서 돌보아 주옵소서." 기도하는 심정이 얼마나 안타깝고 애절하겠습니까? 그러한 중심의 향을 받으므로 하나님께서 역사하시는 것입니다. 영혼을 돌보는 것만이 아니라 다른 사명도 마찬가지입니다. 모든 분야에 마음과 뜻과 정성을 다하며, 영으로 품어 열매를 내는 것이 바로 온 집에 충성하는 비결입니다.

그런데 어떤 사람은 "많은 사명을 맡으면 어느 것은 소홀할 수 있으니 차라리 한두 가지만 맡아 감당하는 것이 좋지 않을까요?"라고 질문합니다. 하지만 충성된 사람은 하나님 나라를 위해 더 많은 일을 하고자 하는 열정이 있습니다. 죽어가는 영혼들을 위해 헌신하려는 마음이 뜨거우니 사명을 사모합니다. 그러니 내가 잘할 수 있는 한두 가지만 감당하겠다는 마음은 이미 온 집에 충성하는 것과 거리가 먼 것입니다.

또한 온 집에 충성하는 사람은 사적인 분야에서도 충성스럽게 행하여 열매를 내고 영광을 돌립니다. 만일 교회에서는 열심 내는데 가정은 돌보지 않는다거나 학교나 직장에서 성실하지 않은 사람으로 알려져 있다면 충성스러운 일꾼이 될 수 없습니다. 충성된 사람은 마음 자체가 성실하고 진실하기에 하나님 나라에서만 충성하는 것이 아니라 자신이 몸담고 있는 모든 곳에서 성실합니다.

3. 드넓은 영의 세계에 입문하는 단계

믿음의 5단계의 특징은 하나님의 마음을 꼭 닮아서 하나님의 마음과 뜻을 헤아릴 수 있으며 그 마음에 맞춰 범사에 온전한 순종을 하므로 하나님을 기쁘시게 해 드리는 믿음이라 했습니다. 그런데 하나님에 대해 많은 것을 듣고 안다 해서 온전히 순종할 수 있는 것이 아닙니다. 영의 마음으로 온전히 변화되어 하나님과 주님과 하나 되어야 하나님께서 정녕 원하시는 것을 알 수 있고 온전히 순종할 수 있습니다.

그러면 믿음의 5단계가 되어 하나님 마음과 닮은 영의 마음을 이루었으니 이제 인간 경작을 받지 않아도 될까요? 그렇지 않습니다. 영이신 하나님의 속성이 무한한 것처럼 영의 세계는 끝이 없습니다. 마치 대학을 졸업하고 대학원에 들어가 석사와 박사 과정을 마쳤다 해서 배움이 끝난 것이 아닌 것과 마찬가지입니다. 학문의 세계가 끝이 없듯이 영의 세계는 더욱 그렇습니다.

수많은 연단을 통과하여 믿음의 5단계에 들어왔다 해도 그것은 무한한 영의 세계로 들어가기 위한 입문에 불과합니다. 영이신 하나님이 한계가 없는 것처럼 영으로 깊이 들어갈수록 더 깊은 차원이 끝없이 펼쳐지기 때문입니다.

그런데 성경에 기록된 믿음의 선진 중 큰 믿음을 소유한 사람들에게 "5단계에서 최고의 차원에 이르렀다."고 표현할 수 있습니다. 엘리야나 에녹, 아브라함, 모세, 사도 바울과 같이 하나님을 온전히 닮아 기쁘시게 하며 밝히 교통할 수 있었던 선진들을 말합니다.

믿음의 5단계에 들어가면 몸은 육의 세계에 살고 있어도 영적으로 보면 영의 세계에 속한 사람입니다. 하나님은 이런 사람을 친히 인도하며 영의 지식을 채워 나가게 하십니다. 그러니 장차 천국에 들어가 배우고 깨달을 수 있는 영의 일들을 이 땅에서 깨달아 나갈 수 있는 것입니다. 이런 비밀한 영의 지식을 깨달아 점점 더 하나님에 대해 밝히 알고 하나님을 닮은 신령한 마음으로 변화되는 만큼 5단계에서도 최고의 차원까지 이를 수 있습니다.

이렇게 믿음의 5단계 안에서도 최고의 믿음에 이르면 그 사람의 타고난 모든 기질이 장점으로 바뀝니다. 예를 들어, 매우 유약한 성품을 타고난 사람이라도 강하고 담대한 마음으로 채워집니다. 원래의 유약했던 기질은 누구보다 부드럽고 사랑스러운 성품으로, 진리 안에서 장점으로 변화되는 것입니다.

또한 강직하고 예리한 성품이던 사람도 솜털같이 온유하고 부드러운 마음으로 가득 채워지며, 원래의 곧은 기질은 진리 안에서 맑고 정한 마음으로 승화됩니다. 이처럼 각 사람의 성품과 취향은 다양하지만 그러면서도 모두가 온전히 주님을 닮은 사람들이 모여 있는 곳이 바로 천국의 새 예루살렘입니다.

인간의 한계를 넘어서 하나님의 공간을 체험

온 영을 이루어 하나님과 주님을 닮아 하나 된 사람은 사람의 생각을 초월하는 영의 지식을 깨달을 뿐 아니라 인간의 한계를 뛰어넘는 놀라운 영의 일을 체험합니다.

성경에는 비와 우박, 해와 달 등 천기를 움직이기도 하고 죽은 자를 살리거나 질병과 약한 것을 치료한 일들이 많이 나옵니다. 사람으로서는 도무지 불가능한 일을 하나님을 닮은 만큼, 하나님의 능력이 임한 만큼 나타낼 수 있는 것입니다. 그 중에서도 가장 놀라운 것의 하나는 죽음을 보지 않고 승천하는 것이지요.

"믿음으로 에녹은 죽음을 보지 않고 옮기웠으니 하나님이 저를 옮기심으로 다시 보이지 아니하니라"(히 11:5)

"두 사람이 행하며 말하더니 홀연히 불수레와 불말들이 두 사람을 격하고 엘리야가 회리바람을 타고 승천하더라"(왕하 2:11)

히브리서 9장 27절에 "한 번 죽는 것은 사람에게 정하신 것"이라 했는데 어떻게 사람이 죽음을 보지 않는 일이 가능할까요? 믿음의 5단계에서 하나님과 하나 되면 이런 일이 일어날 수 있습니다.

로마서 6장 23절에 "죄의 삯은 사망이요 하나님의 은사는 그리스도 예수 우리 주 안에 있는 영생이니라" 했습니다. 영계의 법에 의하면 사망은 죄가 있는 사람에게 임합니다. 그런데 주님을 믿는 사람은 믿음으로 죄 사함을 받으니 육체는 죽음을 겪지만 마지막 때는 부활하여 썩지 않을 신령한 몸을 갖습니다. 하지만 믿음의 5단계에 깊이 들어가 육의 흔적까지 완전히 사라지고 하나님의 성품에 가깝게 되면 육체의 죽음조차 보지 않는 자격을 갖출 수도 있습니다.

엘리야나 에녹은 하나님을 지극히 사랑하여 죄는 물론 근본에 남아 있는 육의 흔적까지 버렸습니다. 또한 진리로 마음이 가득 채워져 하나님을 지극히 닮은 사람들입니다. 구약 시대에 살았지만 하나님과 밝히 교통하는 가운데 장차 오실 예수 그리스도를 믿음으로 바라보았기에 과거의 모든 죄와 원죄까지 용서받을 수 있었습니다. 그래서 죄의 삯은 사망이지만 죄가 없다고 인정을 받았기 때문에 육체의 죽음을 보지 않고 산 채로 들림을 받을 수 있었던 것입니다.

그렇다고 누구나 믿음의 5단계 깊은 차원에 들어가면 죽지 않고 들림받는다는 말은 아닙니다. 비록 자격을 충분히 갖추었다 해도 인간 경작이라는 섭리 속에 이 땅에 태어났기 때문에 하나님께서는 대부분 이 땅의 질서를 좇아 죽음을 맞도록 하십니다. 또한 사도 바울이나 베드로처럼 온 영으로 들어간 후에도 순교함으로 오히려 더 영광스러운 상급을 받게 하시는 경우도 있습니다. 그 피 값으로 하나님 나라가 왕성하게 이루어지는 초석을 삼으시는 것입니다.

다만, 에녹이나 엘리야는 하나님께서 특별한 섭리 가운데 산 채로 들림받게 하고 성경에 기록하여 후세 사람들에게 그런 일이 가능하다는 것을 깨닫고 사모할 수 있게 하셨습니다.

이처럼 믿음의 5단계에 입문하여 장성한 그리스도의 분량에 이르렀을 뿐 아니라 육체의 죽음을 보지 않을 정도가 되었다 해도 주님과, 하나님과 동등할 수는 없습니다. 주님의 마음을 아무리 닮았다 해도 피조물인 사람이 창조주 하나님과, 주님과 동등할 수는 없는 것입니다.

또한 영적인 제자와 스승의 관계에서 제자가 스승을 넘어설 수 없습니다(마 10:24~25). 세상의 육적인 분야에서는 제자가 스승보다 뛰어난 경지에 이를 수도 있지만 영적으로는 그럴 수 없습니다. 예를 들어 모세는 하나님의 가르침을 직접 받았기에 모세에게 배운 여호수아가 모세보다 영적으로 더 깊이 들어갈 수는 없었습니다. 영의 세계는 끝이 없고 너무나 깊은 세계이므로 자신이 직접 영의 차원에 들어가서 깨우치기 전에는 그 세계를 설명할 수가 없고 가르칠 수도 없습니다.

그래서 사도 바울은 "그리스도 안에서 일만 스승이 있으되 아비는 많지 아니하니 그리스도 예수 안에서 복음으로써 내가 너희를 낳았음이라"(고전 4:15) 하여 지식적으로 가르치는 스승과 영으로 인도하여 생명을 낳게 하는 아비를 구분하여 설명합니다. 영적인 세계를 뚫어나가고 하나님과 교통하여 그분의 마음과 뜻을 밝히 알고 깨우친 사람만이 다른 사람을 영의 세계로 인도할 수 있는 것입니다.

저는 하나님을 만난 후 하나님과 밝히 교통하며 그분의 마음과 뜻을 알기까지 무수한 날들을 금식과 철야 기도로 보냈습니다. 이런 세월 속에서 제 자신이 체험해 본 만큼 영의 세계와 믿음의 차원들을 확증할 수 있었고 양 떼들을 이러한 깊은 세계로 들어올 수 있도록 제시해 줄 수 있었습니다.

하나님께서는 모든 사람이 구원받을 뿐 아니라 영의 깊은 세계로 들어와 하나님의 마음에 담긴 깊은 것까지도 깨달아 알 수 있기를 원하십니다. 우리가 속히 온 영으로 들어가 하나님의 깊은 것까지라도 알아갈 때, 하나님의 벗과 같이 친밀한 사랑을 주고받을 수 있습니다. 그러므로 더욱 간절한 마음으로 선한 것과 신령한 것을 사모하여 날마다 더 깊이 하나님과 교통하며 하나님의 마음과 뜻을 알아 가시기 바랍니다.

10장

믿음의 5단계에
임하는 축복

The Blessing Given at the Fifth Level of Faith

온 영의 사람이 받는 축복

믿음의 5단계가 들어가는 새 예루살렘 성

Chapter 10

The Blessing Given at the Fifth Level of Faith

여호와를 기뻐하라

저가 네 마음의 소원을 이루어 주시리로다

너의 길을 여호와께 맡기라 저를 의지하면 저가 이루시고

네 의를 빛같이 나타내시며

네 공의를 정오의 빛같이 하시리로다

시 37:4~6

성경에 기록된 모든 약속과 축복은 대부분 믿음의 4단계 이상 들어간 사람에게 해당합니다. 믿음의 5단계에 들어가면 모든 분야에 축복이 온전히 임합니다. 물론 영으로 들어오기 전, 믿음의 3단계까지도 축복과 응답이 없는 것은 아니지만, 각자의 믿음의 분량 속에서 하나님 앞에서 합당하게 행하는 만큼만 부분적인 축복을 받을 수 있습니다.

1. 온 영의 사람이 받는 축복

시편 37편 4절에 "여호와를 기뻐하라 저가 네 마음의 소원을 이루어 주시리로다" 했습니다. 여호와를 기뻐한다는 것은 여호와로 인해 기뻐하고 즐거워한다는 것입니다. 물론 각각의 믿음의 단계에서 나름대로 하나님을 인해 기뻐할 수 있지만, 진정한 기쁨이 위로부터 임하기 위해서는 사람 편에서 믿음의 5단계, 곧 온전한 믿음이 되어 여호와를 기쁘시게 할 수 있어야 하지요. 이렇게 하나님을 기쁘시게 하는 믿음을 가진 사람은 마음에 품기만 해도 신속하게 응답받습니다. 그러면 온 영의 사람이 받는 축복은 구체적으로 무엇일까요?

마음의 소원까지도 응답받을 수 있습니다

온 영의 사람은 무엇을 구하든지 즉시 응답받을 뿐 아니라 마음에 품은 것까지도 응답받을 수 있습니다. 전지전능하신 하나님께서 어느 때 어느 것이 필요한지를 아시므로 미리 예비해 놓았다가 공급해 주시기 때문입니다.

온 영의 사람이 이러한 응답의 축복을 받을 수 있는 까닭은 무엇일까요? 하나님께서는 공의에 합당하게 응답하시는데 그 공의를 나타내는 가장 대표적인 것이 '일곱 영'의 측정입니다. 이는 각 사람의 일곱 가지 분야, 곧 믿음, 기쁨, 기도, 감사, 계명 지킴, 충성, 사랑을 측정하여 믿음의 분량 안에서 일정한 기준치에 합당할 때라야 응답과 축복을 받을 수 있다는 말입니다.

가령, 믿음의 3단계에 있는 사람이 기도는 많이 하지만 기쁨이 없거나 충성은 하는데 감사가 없다면 일곱 영의 측정에 부족한 만큼 응답이 더디 옵니다. 그런데 온 영으로 들어온 사람은 성결하여 하나님과의 사이에 죄의 담이 없을 뿐 아니라 진리의 열매로 마음을 온전히 채웠기 때문에 모든 분야에서 합격점을 받지요. 그러니 즉시 응답이 오며 능치 못할 일이 없는 것입니다(막 9:23).

범사에 명철의 길을 찾을 수 있습니다

하나님의 깊은 것이라도 통달하시는(고전 2:10) 성령의 음성을 밝히 들을 수 있다면 만사형통의 길로 갈 수 있습니다. 그런데 마음의 죄악을 버려 깨끗하고 맑은 마음을 이룬 만큼 성령의 음성을 밝히 듣고 주관받을 수 있습니다. 믿음의 4단계에만 들어가도 성결한 마음속에서 성령의 음성을 정확하게 들으므로 하나님께서 원하시는 것이 무엇인지를 분별할 수 있습니다. 나아가 믿음의 5단계는 '하나님이 왜 그것을 원하시는지' 마음과 뜻을 밝히 알게 됩니다. 5단계에서도 더 깊은 차원에 들어갈수록 하나님의 의도하신 바에 맞는 방법론까지 온전하게 깨우칩니다.

요셉은 어린 나이에 형들의 시기를 받아 애굽에 종으로 팔려갔습니다. 이런 상황에서도 하나님의 섭리 가운데 모든 역경을 이겨내고 애굽 총리가 된 요셉은 오랜 시간이 흐른 뒤 다시 형들을 만납니다. 이때 요셉은 형들이 회개할 수 있도록 만드는 방법론까지 깨우쳐 행하는 것을 볼 수 있습니다.

가령 그 자리에서 자기가 누구인지를 밝히고 자신의 권세로 형들을 회개시킬 수도 있지만 그렇게 되면 마음 중심에서 회개했다고 볼 수 없습니다. 요셉은 자신의 신분을 밝히지 않은 채 형들을 잠시 가두어 두고 형제 중에 한 명을 인질로 잡

기도 하며 막내 동생을 도적으로 몰아가기도 하는 등, 여러 상황을 펼쳐 갑니다. 그런 과정에서 형들은 형제의 소중함을 느끼고 자신들이 과거에 동생을 팔았던 것을 상기하며 마음에서부터 진실한 회개를 하였습니다.

이런 상황을 만들어 나가는 요셉의 말과 행동이 얼마나 놀라운 지혜와 명철 속에서 나오는지요. 이처럼 하나님의 깊은 것까지 깨닫기에 온전한 명철 가운데 방법론까지 주관받는 것이 믿음의 5단계에서 체험하는 성령의 역사입니다.

악한 자가 만지지도 못합니다

온 영으로 들어간 사람에게는 질병 균이나 약한 것이 틈타지 않습니다. 다른 사람의 질병이나 약함도 고칠 수 있으며 귀신도 쫓아낼 수 있습니다. 또한 거룩하고 온전한 마음에서 나오는 영적 권세가 있기에 어떤 어둠의 세력도 온 영의 사람에게 해를 입힐 수가 없습니다(요일 5:18). 원수 마귀 사단이 송사할 만한 죄악이 없으니 어떤 시험이나 환난을 가져다줄 수 없는 것입니다.

물론 영의 사람이나 온 영의 사람에게 원수 마귀 사단이 송사할 때 하나님이 시험을 허락하실 때가 있습니다. 이는 공의 가운데 하나님 나라를 크게 이루거나 더 큰 권능을 받기에 합당한 그릇임을 드러내기 위함입니다.

예를 들어 베드로나 사도 바울은 온전한 믿음의 분량에 이르렀지만 주의 이름으로 인해 핍박과 고난을 받고 결국 순교하였습니다. 또한 초대교회 당시 순교한 성도들이 영으로 들어가지 못했다 해도 죽어야 할 만큼 큰 죄악이 있었던 것은 아닙니다. 다만 이렇게 성도들이 죄 없이 흘린 피 값을 통해 더 많은 영혼이 구원받고 더 넓은 지역으로 복음이 전파될 수 있는 공의의 법칙이 충족된 것입니다. 물론 믿음으로 순교한 성도들은 잠시의 고난과 비교할 수 없는 천국의 영광을 세세토록 누리게 됩니다.

또한 온 영의 사람이 애매히 고난을 당할 때 믿음과 사랑으로 승리하면 하나님께서 한층 더 큰 축복과 권능을 주십니다. 권능에 권능을 더하여 하나님께 영광 돌리게 하시지요. 당연히 원수 마귀 사단은 이에 대해 송사를 할 수가 없습니다.

온 영으로 들어갈 때의 축복은 이 외에도 이루 다 말할 수 없습니다. 믿음의 4단계만 되어도 들어오나 나가나 복을 받고 가정, 일터, 사업터는 물론 주변에서 함께하는 사람까지 복을 받습니다. 온전하게는 아니지만 하나님과 동행할 수도 있습니다. 이러한 축복이 믿음의 4단계에서는 하나하나 임하기 시작하고 5단계에 들어오면 온전히 임하는 것입니다. 그러나 더욱 크고 귀한 축복은 바로 영원한 천국에서 받는 새 예루살렘 성의 영광입니다.

2. 믿음의 5단계가 들어가는 새 예루살렘 성

천국의 처소 중에서 가장 좋은 곳이 바로 새 예루살렘 성입니다. 하나님께서 예비하신 사랑의 결정체입니다. 참 자녀를 얻기 위해 오랜 세월을 기다려 오신 하나님께서 참 자녀들과 영원히 사랑을 나누며 살고자 정성을 다해 마련하신 보금자리이지요. 이곳에는 꽃잎 하나, 장식된 보석 하나마다 하나님의 사랑과 권능이 담겨 있으며 그분의 영광이 가득합니다.

새 예루살렘 성의 크기와 모양

요한계시록 21~22장을 보면 새 예루살렘 성에 대해 기록되어 있습니다. 전체 모양은 정육면체의 성으로, 가로, 세로, 높이가 동일하게 일만 이천 스다디온(약 2,400km)입니다. 성곽은 맑고 투명하며 푸른빛이 감도는 벽옥으로 되어 있고 성은 맑은 유리 같은 정금입니다. 사면 성벽에는 각각 세 개씩 총 열두 개의 아치형 진주문이 있는데 문 위에는 이스라엘 열두

지파의 이름이 써 있습니다. 성문이 진주로 만들어진 것은 진주에 담긴 영적인 의미가 있기 때문입니다.

조개가 진주를 만들기까지는 많은 아픔과 인내가 필요합니다. 이물질이 살점을 파고들면 조개는 고통 속에 진액을 내어 이물질을 감싸는데 그 진액의 결정체가 진주로 나옵니다. 성도들이 새 예루살렘에 들어갈 자격을 얻기 위해서도 눈물과 아픔을 인내하고 진리로 승화시켜야 합니다. 이러한 의미를 담아 새 예루살렘의 문을 진주로 만든 것입니다.

새 예루살렘 성의 기초석은 열두 개의 보석으로 되어 있습니다. 첫째 기초석인 벽옥은 영적인 믿음을, 둘째인 남보석 곧 사파이어는 정한 마음을 나타냅니다. 셋째 옥수는 결백과 희생을 의미하는데 자기 유익을 구하지 않고 하나님과 이웃을 위해 생명까지 버릴 수 있는 마음입니다. 넷째 녹보석은 빛의 열매인 의와 푸르름을, 다섯째 홍마노는 주 안에서 생명 다해 충성하는 마음을 나타냅니다. 여섯째 홍보석은 열심과 정성된 마음, 일곱째 황옥은 자비로운 마음을 의미합니다.

여덟째 녹옥은 오래 참음을, 아홉째 담황옥은 양선 곧 다투지도 들레지도 않으며 상한 갈대를 꺾지 않고 꺼져가는 심지도 끄지 않는 주님의 마음을 의미합니다. 열째 비취옥은 절제를, 열한째 청옥은 흠도 티도 없는 마음의 청결함과 거룩함을, 마지막 열두째 자정은 아름답고 온유한 마음을 나타냅니다. 이러한 보석에 담긴 영적인 의미를 종합하면 하나님의 온전하신 마음이며 주님의 마음입니다.

새 예루살렘 성의 기초석이 열두 개의 보석으로 이루어진 것은 성도들의 마음에도 이런 영적인 열매가 온전히 맺혀야 하는 것을 나타냅니다. 진주문을 통과하여 성 안으로 들어가면 해나 달이 없지만 하나님의 영광이 온통 두르고 있어 항상 낮처럼 밝고 눈부신 빛으로 가득합니다. 멀리서 보면 찬란한 영광의 구름 사이로 집을 장식한 각종 보석 빛이 어우러져 마치 성 전체가 살아 움직이는 것처럼 보입니다.

3천층과 새 예루살렘 성의 집은 복층이며 정금과 보석으로 화려하게 지어져 있습니다. 연못, 정원, 동물원, 골프장, 무도회장 등 원하는 시설을 모두 개인적으로 가질 수가 있습니다. 3천층 집도 정금과 보석으로 되어 있지만 그 종류와 빛이 새 예루살렘 성과는 차이가 납니다. 새 예루살렘 성에는 매우 다양한 종류의 보석이 있으며 각 보석에서 이중, 삼중으로 빛을 발산하기도 합니다.

또한 새 예루살렘 성의 각 집마다 주인이 영으로 들어간 깊이와 충성한 공로에 따라, 또한 행적과 취향에 따라 다양한

특색이 있습니다. 영광의 빛이 집에 얼마나 둘러져 있는지, 어떤 보석으로 장식되었는지, 이런 것만 보아도 집주인이 얼마나 성결되었으며 이 땅에서 하나님을 기쁘시게 하는 삶을 살았는지 알 수 있습니다.

그곳에 들어가 하나님께서 예비해 주신 집을 보면 감사의 눈물만 하염없이 솟아납니다. 대문을 들어서면서 보이는 드넓은 지경과 세밀한 곳까지 섬세하게 꾸며진 장식으로 정신이 현황할 지경입니다.

그중에 한 집을 소개하겠습니다. 끝이 보이지 않을 정도로 거대한 영역 안에 궁전 같은 본체가 있고 담장이 있습니다. 벽옥이나 혹은 푸른빛 유리 같은 담장이 보이는데 담 밖에서는 안이 보이지 않으나 안에서는 밖의 모습이 잘 보입니다. 이 땅의 담과는 달리 이음새가 전혀 없는 한 개의 조각품 같은데 담에서 황홀한 향이 나올 뿐 아니라 담 아래에 둘러 있는 꽃에서도 진한 향이 나옵니다.

담에는 정교한 문양이 가득 새겨져 있습니다. 담 속에서부터 글과 그림 문양들이 보일 듯 말 듯 은은하고 영롱하게 떠오르는데, 이 집주인이 이 땅에서 하나님을 기쁘시게 했던 일과 그의 마음의 선과 아름다움 등이 기록되어 있습니다. 주님을 위해 핍박받고 하나님 나라를 위해 애쓰고 힘쓴 일이 기록되어 있지요. 이처럼 아름다운 조각을 통해 하나님께서는 그가 이 땅에서 보낸 모든 세월을 위로하십니다.

정원에는 온갖 꽃과 나무가 아름답게 배치되어 있고 화려한 깃털이 있는 새들이 사랑스럽게 노래를 불러 줍니다. 정원을 가로질러 본채까지 정금길이 나 있고 길가에 심긴 꽃들은 아름다운 향기를 발산하며 주인의 공로를 찬양하고 이 땅에서의 모든 고난과 수고를 위로해 줍니다. 그 밖에도 동물원, 산책길, 놀이동산, 크리스털 배 등 원하는 모든 것이 갖추어져 있습니다. 새 예루살렘에 들어오기까지 수많은 인내와 희생의 시간을 보냈지만 이러한 상급을 보는 순간 하나님의 깊은 사랑을 느끼며 위로받게 됩니다.

새 예루살렘의 상급

새 예루살렘에 들어가면 소망하는 것은 무엇이나 이뤄지고 상상조차 하지 못했던 크고 아름다운 처소와 상급을 받습니다. 하지만 중요한 것은 건축자재와 시설 하나하나가 이 땅에서 하나님께 드린 사랑과 인내, 충성과 헌신을 통해 만들어진다는 사실입니다. 이 땅에서 사랑하는 것이나 원하는 것을 주님을 위해 헌신하고 드리면 새 예루살렘에서는 이 모든 것에 대한 위로와 상급을 받습니다.

하나님께서는 단 한 가지도 흘러버리는 법이 없습니다. 하나님 나라를 위해 애통할 때 흘린 눈물 한 방울도 헛되이 사라지지 않고 집을 만드는 자재와 장식이 됩니다. 새 예루살렘에 들어온 사람은 이 땅에서 자기 뜻대로가 아닌 하나님 뜻대로 살았기에 천국에서는 그들의 뜻대로 모든 것을 누리게 하시지요. 이곳에서 입는 옷은 가장 아름답고 선명하며, 광채가 나는 색상으로 만들어져 있습니다. 하늘하늘한 옷감에 화려한 보석이 달려있는가 하면 다양한 문양이 수놓아 있습니다.

이 땅에서 얼마나 감사했는지에 따라 감사의 문양이 새겨 있는가 하면, 찬양의 문양이 있고 기쁨, 기도 등 다양한 문양이 있습니다. 그중에 영광의 문양은 하나님께 특별히 영광 돌린 사람이 받는 것입니다. 다른 문양과 확연하게 구별되며 이러한 문양을 단 사람은 더욱 존귀한 대접을 받습니다. 머리에 쓰는 면류관에는 기본적으로 의의 면류관(딤후 4:8)과 금 면류관(계 4:4)이 있습니다. 그 외에도 꽃으로 장식한 화관과 진주관, 크리스털관을 비롯하여 온갖 보석이 섬세하고 화려하게 장식된 면류관들이 준비되어 있어 때에 맞게 바꾸어 사용합니다.

또 여인에게는 특별한 머리 장식이 있습니다. 낙원에는 면류관이 없고 장식도 없는 맨머리이지만 윗단계의 처소로 갈수록 아름답고 화려한 장식을 합니다. 새 예루살렘 여인들은 각종 보석과 함께 특별히 아름다운 색을 발하는 실과 같은 장식으로 머리를 꾸밉니다. 반짝거리는 아름다운 장식 줄이 마치 머리카락 일부인 것처럼 길게 드리워져 황홀한 광채를 발산합니다. 이렇게 천국에서는 각 사람이 입은 옷 색깔이나 빛, 옷에 새겨진 문양과 장식한 보석, 또 머리에 쓴 면류관과 각종 장식을 통해 얼마나 하나님께 사랑받고 인정받는지 한눈에 알 수 있습니다.

새 예루살렘 성에서는 옷을 갈아입을 때나 잔치 자리에 가거나, 어디에 가서 무엇을 하든지 각 사람에게 딸린 천사가 그림자처럼 수종듭니다. 영으로 통하기 때문에 주인이 원하는 것을 알아서 섬겨 주는데 각 사람이 온 영으로 들어온 정도에 따라 수종하는 천사의 수가 다릅니다.

새 예루살렘 성은 아름답고 화려할 뿐 아니라 그 안에서 배우고 보고 듣고 즐기며 사랑을 주고받는 일이 끝이 없습니다. 영원한 삶의 매 순간마다 새롭고 행복한 일들로 가득합니다. 항상 연회가 열리는데 때로는 아버지 하나님께서 주관하시기도 하고 주님과 성령님이 주관하시기도 합니다. 하나님께서 베푸시는 연회에는 각 사람마다 최고로 아름답게 단장하고 최상의 것을 먹고 마시며 아름다운 찬양과 춤을 즐깁니다. 그 영화로움은 말로 표현할 수 없습니다.

이 땅에서 누릴 수 있는 최고의 행복보다 더한 행복이 항상 마음에 가득한 곳이 천국의 삶입니다. 우리가 성결되어 진리로 변화되는 만큼 이 땅에 사는 동안에도 천국의 행복을 깊이 느끼게 됩니다. 천국의 소망과 기쁨이 더해질수록 이 땅에 대한 미련이 사라지며 어떻게 하면 하나님께 영광 돌리고 많은 영혼을 구원하여 함께 새 예루살렘의 영광을 누릴 수 있을까 하는 영적인 소원만 마음에 가득해집니다.

그러므로 우리는 육신의 정욕과 안목의 정욕과 이생의 자랑을 좇아 살아가는 헛된 소망을 버리고 더 좋은 천국에 들어갈 소망을 가져야 합니다. 데살로니가전서 5장 23절에 "평강의 하나님이 친히 너희로 온전히 거룩하게 하시고 또 너희 온 영과 혼과 몸이 우리 주 예수 그리스도 강림하실 때에 흠 없게 보전되기를 원하노라" 말씀하신 것처럼 성결된 마음을 이루고 온 영으로 들어가 영화로운 새 예루살렘에서 하나님과 주님과 영원히 사랑을 나누시기를 예수 그리스도의 이름으로 축원합니다.

믿음에도
분량이 있습니다

초판 1쇄 발행 2015년 3월 18일

지은이 이재록
발행인 빈성남
편집인 빈금선

펴낸곳 우림북
등 록 1989년 4월 11일, 164-11-01027
주 소 156-848 서울시 동작구 여의대방로22길 73, 1층
전 화 02-851-3845, 070-8240-5611(편집)
02-837-7632, 070-8240-2072(영업팀)
팩 스 02-830-1844(편집), 02-869-1537(영업팀)

ISBN 978-89-7557-960-8 02230

우림

우림은 구약 시대에 대제사장이 하나님의 뜻을 묻기 위해
판결 흉패 안에 넣어 사용하던 도구 중의 하나이며,
히브리어로 '빛'이라는 의미가 있습니다(출애굽기 28:30).
빛은, 곧 하나님 말씀이며 생명입니다.
우림북은 온 누리에 참 빛을 비추고자 오늘도 기도와 정성으로 문서선교 사역에 앞장서고 있습니다.

www.urimbooks.com

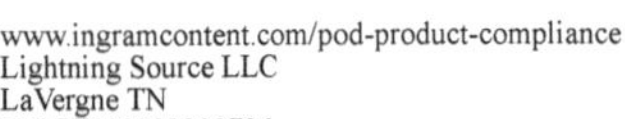

9 788897 557960